Wissenschaftliche Beiträge
aus dem Tectum Verlag

Reihe Wirtschaftswissenschaften

Wissenschaftliche Beiträge
aus dem Tectum Verlag

Reihe Wirtschaftswissenschaften
Band 102

Christian Petschke

Einparteien-Mediation

Arbeit an Konflikten im Grenzbereich
zwischen Coaching und Mediation

Tectum Verlag

Christian Petschke
Einparteien-Mediation
Arbeit an Konflikten im Grenzbereich zwischen Coaching und Mediation
Wissenschaftliche Beiträge aus dem Tectum Verlag,
Reihe: Wirtschaftswissenschaften; Bd. 102

© Tectum – ein Verlag in der Nomos Verlagsgesellschaft, Baden-Baden 2021
ISBN 978-3-8288-4697-5
ePDF 978-3-8288-7790-0
ISSN: 1861-8073

Der hier veröffentlichte Text entspricht weitgehend einer vom Verfasser im Jahr 2020 im Studiengang „Master of Mediation" an der FernUniversität in Hagen eingereichten Masterarbeit.

Gesamtverantwortung für Druck und Herstellung
bei der Nomos Verlagsgesellschaft mbH & Co. KG

Printed in Germany

Alle Rechte vorbehalten

Besuchen Sie uns im Internet
www.tectum-verlag.de

Bibliografische Informationen der Deutschen Nationalbibliothek
Die Deutsche Nationalbibliothek verzeichnet diese Publikation
in der Deutschen Nationalbibliografie; detaillierte bibliografische
Angaben sind im Internet über http://dnb.d-nb.de abrufbar.

Inhalt

Abkürzungsverzeichnis IX
Abbildungsverzeichnis XI
Tabellenverzeichnis XIII

A. Einleitung 1
I. Gegenstand der Arbeit 1
II. Zielsetzung der Arbeit 3
III. Begriffsbestimmungen 4
IV. Methodischer Aufbau der Arbeit 5

B. Grenzbereich zwischen Coaching und Mediation 7
I. Mediation 7
II. Einzelgespräche in der Mediation 10
III. Coaching 11
IV. Konflikt-Coaching 13
V. Grenzbereich der Verfahren 15

C. Einparteien-Mediation in der Praxis 19
I. Methodik für Recherche und Aufbereitung 19
II. Verwendete Begriffe für Einparteien-Mediation 21
III. Weitere angebotene Dienstleistungen 22
IV. Konfliktgebiet 25

V

Inhalt

V.	Grundberuf der Anbieter	27
VI.	Besonderheiten der Aus-/Fortbildungsangebote	28
VII.	Ausgangssituationen	29
VIII.	Beschriebene Wirkungen	31
	1. Wirkung auf den Klienten	31
	2. Wirkung auf den Konfliktpartner	33
	3. Auswirkungen auf den Konfliktverlauf	33
IX.	Gestaltung des Verfahrens	33
	1. Setting und Atmosphäre	34
	2. Haltung und Verhalten des Mediators	34
	3. Bestandteile des Verfahrens	35
	4. Strukturierung des Verfahrens	35

D. Einparteien-Mediation in der Literatur 37

I.	„Einpartei-Mediation" nach Murbach	37
	1. Grundannahme	37
	2. Ausgangssituation/Voraussetzungen	38
	3. Ziele/Ergebnisse	38
	4. Prozess/Methode	38
	5. Sonstiges	40
II.	Konflikt-Perspektiv-Analyse (KPA) nach Wüstehube	40
	1. Grundannahme	40
	2. Ausgangssituation/Voraussetzungen	41
	3. Ziele/Ergebnisse	42
	4. Prozess/Methode	42
	5. Sonstiges	43
III.	„One-Party-Mediation" nach von Hertel	44
	1. Grundannahme	44
	2. Ausgangssituation/Voraussetzungen	44
	3. Ziele/Ergebnisse	45

	4. Prozess/Methode	45
	5. Sonstiges	47
IV.	Vergleichende Gegenüberstellung und Einordnung	47

E. Einparteien-Mediation für interpersonelle Konflikte 53

I. Gestaltungsgrundlagen 53
    1. Gestaltungselemente 54
    2. Systematische Gestaltungsperspektiven 55
    3. Einbeziehung von Praxis und Literatur 57
II. Prinzipien 59
III. Ziele 62
IV. Phasen der Einparteien-Mediation 63
    1. Vorüberlegungen 63
    2. Die Phasen im Einzelnen 66
V. Mediationserweiterungen 71
VI. Konsolidierte Gesamtdarstellung 73
    1. Klient 73
    2. Potential 74
    3. Ablauf 77
    4. Ergebnis 79
    5. Folgeergebnis 79
VII. Namensgebung 79
VIII. Bedeutung der Einparteien-Mediation 81
    1. Eigenständigkeit 82
    2. Relevanz 83

F. Einparteien-Mediation für intrapersonelle Konflikte 85

I. Ausgangssituation 85
II. Mediationsanaloge Gestaltung 86
III. Potential 87

IV.	Ablauf	87
V.	Ergebnis und Folgeergebnis	88
VI.	Bedeutung der Einparteien-Mediation für intrapersonelle Konflikte	88
	1. Eigenständigkeit	88
	2. Relevanz	90

G. Zusammenfassendes Fazit 91

Literaturverzeichnis	93
Anhang 1: Anbieter von Einparteien-Mediation	99
Anhang 2: Anbieter von Aus-/Fortbildung in Einparteien-Mediation	115
Anhang 3: Anbieter von Einzel-Mediation mit anderer Begriffsbedeutung	119

Abkürzungsverzeichnis

ALPHA	Auftragsklärung, Liste der Themen, Positionen [und Interessen], Heureka, Abschlussvereinbarung
GFK	Gewaltfreie Kommunikation
K.A.	Keine Angabe(n)
KPA	Konflikt-Perspektiv-Analyse
MediationsG	Mediationsgesetz vom 21. Juli 2012 (BGBl. I S. 1577), das durch Artikel 135 der Verordnung vom 31. August 2015 (BGBl. I S. 1474) geändert worden ist
Mediationsrichtlinie EU	Richtlinie 2008/52/EG des Europäischen Parlaments und des Rates vom 21. Mai 2008
MIKADO	**M**ediation klassisch, **I**nnersystemische Mediation, **K**ombinationsmodell mediativen Verhandelns, **a**nwaltlich-mediatives Verhandeln und **d**ialogisch mediatives Verhandeln, **O**ne-Party-Mediation
N.B.	nota bene
NLP	Neurolinguistisches Programmieren
TA	Transaktionsanalyse

Abbildungsverzeichnis

Abb. 1: Häufigkeit der für Einparteien-Mediation
verwendeten Begriffsgruppen 22
Abb. 2: Weitere von Einparteien-Mediatoren angebotene
Dienstleistungen 24
Abb. 3: Konfliktgebiete angebotener Einparteien-Mediation 26
Abb. 4: Grundberufe der Anbieter von Einparteien-Mediation 28
Abb. 5: Ausgangssituationen für Einparteien-Mediation 30
Abb. 6: Einparteien-Mediation als Dienstleistung 55

Tabellenverzeichnis

Tab. 1:	Kernmerkmale diskutierter Verfahren	16
Tab. 2:	Gegenüberstellung publizierter Ansätze	49
Tab. 3:	Zusammenhang zwischen Gestaltungselementen und -perspektiven	57
Tab. 4:	Inhaltliche Phasen und deren Setting	66
Tab. 5:	Einparteien-Mediation für interpersonelle Konflikte	75
Tab. 6:	Abgrenzungen interpersoneller Einparteien-Mediation	82
Tab. 7:	Abgrenzungen intrapersoneller Einparteien-Mediation	89

A. Einleitung

Einleitend werden Gegenstand, Zielsetzung, Begriffsbestimmungen und methodischer Aufbau der Arbeit dargestellt.

I. Gegenstand der Arbeit

Wenn sich zwei Menschen miteinander im Konflikt befinden, gibt es für sie verschiedene Möglichkeiten, damit umzugehen. Gemeinsam können die Konfliktparteien dazu schweigen, darüber sprechen oder darüber verhandeln. Insbesondere, wenn dies zu keiner akzeptablen Lösung führt, können sie auch externe Dritte hinzuziehen, die sich je nach Verfahren Moderator, Vermittler, Mediator, Schlichter, Schiedsrichter oder Richter nennen können. Mit Ausnahme des Gerichtsweges vor öffentlichen Gerichten erfordern jedoch alle diese Wege die **Bereitschaft beider Seiten**, diese in Anspruch zu nehmen oder zumindest – wie beim Schiedsgerichtsverfahren – ursprünglich zuzulassen.

Was aber passiert, wenn **nur eine der beteiligten Parteien** an dem Konflikt arbeiten möchte? Nun, diese könnte vielleicht in Selbstreflexion, mit Hilfe von Ratgeberliteratur, in einer Selbsthilfegruppe oder durch Beratung und Austausch mit Vertrauenspersonen aus ihrem persönlichen Umfeld versuchen, sich Klarheit zu verschaffen und ihre Situation zu verbessern. Ist dies nicht hilfreich oder erfolgreich, gibt es aber auch hier die Möglichkeit, externe Dritte hinzuzuziehen. Denn für die Unterstützung individueller Anliegen steht je nach Schwerpunkt der spezifischen Problematik ein breites Feld per-

Einleitung

sonenzentrierter Unterstützungsdienstleistungen bereit, die sich grob in therapeutische Ansätze, Coaching und Beratung einteilen lassen. Diese Arbeit beschäftigt sich mit der **Einparteien-Mediation**[1], eine Möglichkeit der Konfliktbearbeitung, bei der eine einzelne Partei ohne Beteiligung anderer Konfliktparteien mit Unterstützung eines externen Dritten unter Nutzung mediativer Elemente an einem Konflikt arbeitet. Damit werden die beiden genannten Sphären der Unterstützung durch Dritte miteinander verknüpft. Denn zum einen wird mit der **Mediation** auf ein Konfliktbearbeitungsverfahren Bezug genommen, an dem alle Beteiligten teilnehmen. Andererseits ergibt sich der Bezug zu individuellen personenzentrierten Unterstützungsdienstleistungen, da hier nur eine der Konfliktparteien aktiv an der Bearbeitung teilnimmt. Unter der Annahme, dass der Wunsch nach Arbeit an einem konkreten Konflikt Anlass und Treiber dieses Unterstützungsbedarfs ist und dieser weder dem Wunsch nach grundsätzlicher Arbeit an persönlichkeitsprägenden Themen oder Defiziten noch aus fachlichem Beratungsbedarf entspringt, ist es hier insbesondere das **Coaching** und weniger Therapie oder Beratung, zu dem sich inhaltliche Bezüge begründen lassen.

Besonders in ihrer jeweils breitesten Auslegung ergeben sich dabei Gemeinsamkeiten von Mediation und Coaching, die eine klare Grenzziehung erschweren. Deshalb soll hier von einem **Grenzbereich** zwischen Mediation und Coaching gesprochen werden.

Ein von einem Konflikt Betroffener wird sich meist wünschen, dass sein Konflikt „gelöst" werden kann. Durch das Fehlen der anderen Konfliktparteien in der Einparteien-Mediation kann damit jedoch nur begrenzt gerechnet werden. Vielmehr werden eher Ergebnisse im Sinne einer Verbesserung der Konfliktsituation erwartet werden können. Deshalb soll hier von der **Arbeit** an Konflikten und nicht von deren Lösung gesprochen werden.

---

1 In Theorie und Praxis werden verschiedene Varianten dieses Begriffs verwendet.

Zusammenfassend lautet der Titel dieser Arbeit „**Einparteien-Mediation: Arbeit an Konflikten im Grenzbereich** zwischen **Coaching und Mediation**".

II. Zielsetzung der Arbeit

Einparteien-Mediation erweist sich bei erster kursorischer Recherche als Phänomen weitestgehend deutschsprachiger Praxis mit einzelnen Ansätzen theoretischer Fundierung, deren erste Anfänge sich bis ins Jahr 2000[2] zurückverfolgen lassen. Neben ihrer Anwendung auf die bereits dargestellte **inter**personelle Situation mit Konflikten zwischen einzelnen Personen wird vereinzelt auch eine Anwendung auf **intra**personelle Konflikte beschrieben, die sich innerhalb einer Person manifestieren. Aber was genau macht Einparteien-Mediation aus und ist sie angesichts einer Vielzahl bereits vorhandener anderer Verfahren und Methoden zur Konfliktbearbeitung auch wirklich etwas Neues, etwas anderes? Stellt sie ein **eigenständiges Verfahren** mit spezifischen Ausprägungen und einem eigenständigen Wert dar oder eher eine **Variante oder Methode**, die sich einem bereits bekannten Verfahren zuordnen lässt? Oder wird hier gar nur „**alter Wein in neuen Schläuchen**" angepriesen?

Um dies zu ergründen, ist es das **Ziel** dieser Arbeit, die folgenden **zwei Forschungsfragen** zu beantworten:

1. Wie wird Einparteien-Mediation von deren Anbietern und in einschlägigen Publikationen dargestellt?
2. Wie lässt sich Einparteien-Mediation unter Berücksichtigung dieser Erkenntnisse systematisch beschreiben und bezüglich ihrer Eigenständigkeit und Relevanz beurteilen?

---

2 Vgl. Hertel 2000, S. 43.

Einleitung

Die Antworten auf diese Fragen sollen dabei helfen, ein klareres **Verständnis** der Einparteien-Mediation zu gewinnen. Praktikern sollen sie eine **Unterstützung** für deren Gestaltung und Durchführung an die Hand geben.

III. Begriffsbestimmungen

Werden vom Verfasser **Personenbezeichnungen** im männlichen Genus verwendet, schließen diese Menschen aller biologischen und sozialen Geschlechtsidentitäten ein.

Als **Verfahren** wird jede Form von Konfliktbearbeitung oder personenzentrierter Unterstützungsdienstleistung bezeichnet, die mit Einbeziehung eines externen Dritten in einem definierbaren Rahmen erfolgt.

Der externe Dritte wird abhängig vom Verfahren und vom verwendeten Zusammenhang als **Mediator** (für Mediation und Einparteien-Mediation), **Einparteien-Mediator**, **Coach** oder verfahrensübergreifend als **Anbieter** oder **Dienstleister** bezeichnet.

Die an einer Mediation teilnehmenden Konfliktparteien werden als **Parteien** oder **Medianden** bezeichnet. In der Einparteien-Mediation werden für sie die Begriffe **Klient**, **Konfliktgeber** oder **anwesende Partei** bzw. **Konfliktpartner** oder **abwesende Partei** verwendet. In einem Coaching wird der **Klient** auch als **Coachee** bezeichnet.

An einem Konflikt können grundsätzlich zwei oder mehr als zwei Parteien beteiligt sein. Um auf die Essenz der Aussagen zu fokussieren, wird in der Regel von **zwei Parteien** bzw. in der Einparteien-Mediation von **einer abwesenden Partei** gesprochen.

IV. Methodischer Aufbau der Arbeit

Zunächst werden in **Kapitel B** charakteristische Merkmale von Mediation und Coaching dargestellt und ihr **Grenzbereich** wird näher ausgeleuchtet. Dies zum einen, um die hierzu in Abschnitt I getroffenen Annahmen weiter zu erläutern und zu fundieren, zum anderen, um die nachfolgenden Kapitel strukturell und inhaltlich vorzubereiten.

In Beantwortung der ersten Forschungsfrage wird anschließend zum einen untersucht, was **Praktiker** unter Einparteien-Mediation verstehen, wie sie die verschiedenen Aspekte dieser Dienstleistung beschreiben und in welchem Kontext sie diese anbieten (**Kapitel C**). Zum anderen werden in **Kapitel D** die in der **Literatur** aufgefundenen Beschreibungen und Fundierungen von Einparteien-Mediation analysiert und miteinander verglichen.

Aufbauend auf diesen Vorarbeiten wird die zweite Forschungsfrage in den Kapiteln E und F bearbeitet und beantwortet. In **Kapitel E** wird gezeigt, wie sich Einparteien-Mediation für ihren Hauptanwendungsbereich der **inter**personellen Konfliktbearbeitung systematisch entwickeln lässt. Dabei wird begründet, warum sie dafür als eigenständiges Verfahren angesehen werden kann. In **Kapitel F** werden wesentliche Merkmale und charakteristische Unterschiede der **intra**personellen Einparteien-Mediation aufgezeigt und es wird begründet, warum diese Anwendungsart eher als Methode in einem anderen Verfahren angesehen werden kann.

Kapitel G beschließt die Arbeit mit einem zusammenfassenden Fazit. Der **Anhang** enthält strukturierte Auswertungen zu Kapitel C.

B. Grenzbereich zwischen Coaching und Mediation

Wie lässt sich der bereits skizzierte **Grenzbereich** zwischen Coaching und Mediation nun näher kartieren? In Abschnitt I werden zunächst Hauptmerkmale der Mediation zusammengestellt. In Bezug auf die Einparteien-Mediation ist dabei die Besonderheit der Einzelgespräche in der Mediation (II) von Interesse. Hauptmerkmale des Coaching (III) und dessen Ableitung Konflikt-Coaching (IV) werden beschrieben, bevor alle Überlegungen in V zusammengefasst und zueinander in Bezug gesetzt werden.

I. Mediation

Mediation ist ein außergerichtliches vertrauliches und strukturiertes Verfahren, in dem mindestens zwei Parteien mit Hilfe mindestens eines unabhängigen und neutralen Dritten freiwillig und eigenverantwortlich die einvernehmliche Beilegung eines Konflikts anstreben.[3]

Die obige Definition folgt dabei den in Literatur und gesetzlichen Regelungen nicht immer konsistent formulierten **Prinzipen** der Medi-

---

[3] Eigene Definition auf Basis von Ade/Alexander 2017, S. 11; Bundesverband MEDIATION e. V., www.bmev.de/mediation/was-ist-mediation, zuletzt abgerufen am 25.9.2020; Haynes u. a. 2014, S. 14; Horstmeier 2013, S. 6; Hösl 2002, S. 15.

ation. Hier sollen folgende sechs Prinzipien festgehalten werden, über deren Bedeutung weitgehender Konsens zu bestehen scheint[4]:

- Selbstverantwortung der Medianden
- Freiwilligkeit
- Unabhängigkeit
- Neutralität oder Allparteilichkeit des Mediators
- Vertraulichkeit
- Strukturiertheit

Auch wenn über die Prinzipien weitgehend Einigkeit besteht, gibt es zu der Frage, mit welchem **Ziel** Mediationen durchgeführt werden sollen, unterschiedliche Standpunkte. Breidenbach sieht als Grund hierfür die Interessen der Beteiligten und letztlich deren „weltanschaulichen Hintergrund"[5]. Aus einer „rechtspolitischen Perspektive"[6] ordnet er Mediationsziele fünf „**Mediations-Projekte**"[7] genannten grundlegenden Ausrichtungen zu. Er spannt dabei einen weiten Bogen, der über die Sicht auf einen konkreten Konflikt hinausgehen kann und dann auch Implikationen für die Rechtsordnung und Sozialstruktur der Gesellschaft sowie deren Entwicklung einbezieht.

Auf die konkrete Arbeit an einem Konflikt bezogen und mit Blick auf diese Arbeit von größerer Relevanz, benennen Haynes u. a. drei **Zielsetzungen** der Mediation, die im Idealfall Hand in Hand verliefen und sich gegenseitig verstärkten: die „**kontraktuelle**", die „**kognitiv-emotionale**" und die „**interpersonelle**" Zielsetzung[8]. Diese könnten je nach unterschiedlicher Priorisierung auch zu unterschiedlichen Haltungen und Schwerpunkten in der Durchführung führen. Dabei bezieht sich die kontraktuelle Zielsetzung auf das **Ergebnis** der Medi-

---

4 Vgl. Ade/Alexander 2017, S. 19–24; MediationsG §§ 1, 2, 4; Mediationsrichtlinie EU, Art. 3, 7; Montada/Kals 2013, S. 44f.
5 Breidenbach 1995, S. 116.
6 Ebd., S. 117.
7 Ebd., S. 119f.
8 Haynes u. a. 2014, S. 15, Hervorhebungen durch den Verfasser.

ation, sie sei auf eine einvernehmlich erzielte, interaktionell bindende und konkrete Übereinkunft der Konfliktpartner gerichtet.[9] Die kognitiv-emotionale Zielsetzung dagegen nimmt den **Prozess** der Mediation selbst in den Blick, denn sie bringe ein besseres Verständnis und eine wechselseitige Verständigung über den Dissens und mögliche Lösungen während der Mediation hervor.[10] Die interpersonelle Zielsetzung ist dann auf die **Zukunft** gerichtet, sie ziele auf die Entwicklung eines besseren und konfliktfreieren Umgangs der Konfliktpartner untereinander ab.[11]

In Deutschland ist ein Mediationsansatz verbreitet, in dem der Mediator für den Prozess des Verfahrens verantwortlich ist. Dieser wird typischerweise in inhaltliche **Phasen** gegliedert, die als Kernelemente

- Eröffnung,
- Themen,
- Interessen,
- Optionen und
- Vereinbarung

beinhalten.[12] Innerhalb dieses Ansatzes ist allerdings umstritten, ob oder inwieweit inhaltliche Beiträge des Mediators für legitim oder gar für erforderlich gehalten werden.[13] Entgegen diesem Ansatz gibt es mit der transformativen Mediation einen konsistenten Mediationsansatz, der jede Einflussnahme des Mediators auf die Selbstverantwortung der Parteien vermeidet und sich deshalb nicht nur bei inhaltlichen Beiträgen, sondern auch bei der Steuerung des Prozesses zurückhält.[14]

---

9 Vgl. Haynes u. a. 2014, S. 14–15.
10 Vgl. ebd.
11 Vgl. ebd.
12 Vgl. etwa Ade/Alexander 2017, S. 19–24; Diez u. a. 2019, S. 103; Hösl 2002, S. 15f.
13 Vgl. etwa Riskin 2003, S. 11–13 zur Diskussion seines ursprünglichen Modells hierzu.
14 Vgl. Bush/Folger 2009, S. 51–94.

Was **Mediation ist**, lässt sich also an ihren Prinzipien, ihren Zielen und konkreten Entscheidungen über ihre Ausgestaltung festmachen. Was **Mediation nicht ist**, wird in ihrer Abgrenzung deutlich. Zum einen unterscheidet sich Mediation von anderen Verfahren der Konfliktbearbeitung, in denen der unabhängige Dritte Entscheidungen über das Ergebnis des Verfahrens trifft (Gerichtsverfahren, Schiedsgerichtsverfahren) bzw. für diese einen konkreten Vorschlag erarbeitet (Schlichtung). Zum anderen grenzt sich Mediation von weniger strukturierten Verfahren, wie der Moderation oder der Vermittlung, durch die tiefere methodische und strukturelle Durchdringung ab.[15]

II. Einzelgespräche in der Mediation

Einzelgespräche in der Mediation, auch Caucus genannt, **ähneln** der Einparteien-Mediation insofern, als hier ein Mediator mit einem einzelnen Medianden arbeitet. Im Rahmen einer Mediation kann dies ein singuläres Ereignis sein oder öfter angewendet werden, bis hin zur Form der Shuttle-Mediation[16], in der die Parteien sich selbst nicht oder kaum begegnen und alle Kommunikation über den Mediator erfolgt. Wichtig sei dabei, dass der Mediator auch im Einzelgespräch das Prinzip der Allparteilichkeit wahrt,[17] er also dem einzelnen Gesprächspartner keine unausgleichbaren Vorteile im Verfahren verschafft. Zu der Frage, unter welchen Umständen Einzelgespräche im Rahmen einer Mediation sinnvoll oder gar erforderlich sein können, gibt es unter Mediatoren unterschiedliche Standpunkte.[18]

---

15 Vgl. etwa Glasl 2013, S. 395–406 zur Übersicht von Ansätzen zur Konfliktbehandlung.
16 Vgl. etwa Hoffman 2011 für einen detaillierten Überblick.
17 Vgl. Horstmeier 2013, S. 89.
18 Nach § 2 Abs. 3 Satz 3 MediationsG sind Einzelgespräche „im allseitigen Einverständnis" zulässig. Eidenmüller begründet, warum auch die „Caucus-Mediation" eine Mediation im Sinne des Mediationsgesetzes sei (2016, S. 20).

Im **Unterschied** zur Einparteien-Mediation finden Einzelgespräche jedoch stets im Rahmen eines Mediationsverfahrens statt, in dem *alle* Konfliktparteien den Mediator mit der Durchführung des Verfahrens beauftragt haben.

III. Coaching

Coaching baut als Dienstleistung auf **Prinzipen und Theorien** aus unterschiedlichen Bereichen in Wissenschaft und Praxis auf. Dazu zählten Erwachsenenbildung, Psychologie und Psychotherapie, ostasiatische Philosophien, Neurowissenschaften[19], humanistische Motivationstheorie nach Maslow, gruppendynamische Selbsterfahrungsgruppen, Gestalttherapie, Kommunikationstheorie, Transaktionsanalyse (TA), Neurolinguistisches Programmieren (NLP) und andere[20].

Eine aktuelle **Definition** für Coaching als Unterstützungsdienstleistung von Individuen lautet:

„Coaching ist die professionelle Beratung, Begleitung und Unterstützung von Personen mit Führungs-/Steuerungsfunktionen und von Experten in Unternehmen/Organisationen. Zielsetzung von Coaching ist die Weiterentwicklung von individuellen oder kollektiven Lern- und Leistungsprozessen bzgl. primär beruflicher Anliegen."[21]

Die Vielfalt der Ursprünge findet ihren Ausdruck auch in der **Vielzahl verfügbarer Definitionen**, Ansätze, Konzepte oder Modelle, die beschreiben, was Coaching ist und wie es angewendet werden kann.

---

19 Vgl. Noble 2012, S. 14.
20 Vgl. Greif u. a. 2018, S. 4.
21 Deutscher Bundesverband Coaching e. V., www.dbvc.de/der-verband/ueber-uns/definition-coaching, zuletzt abgerufen am 27.7.2020.

Greif[22] hält fest, dass es weder über diese Konzepte noch darüber, was unter Coaching verstanden werden soll, einen Konsens zwischen Coaches gebe. Er ordnet bekannte Coaching-Konzepte in neun Klassen:

- psychoanalytische oder psychodynamische Konzepte
- das GROW-Modell und zielorientiertes Coaching
- verschiedene systemische Coachingkonzepte
- Neurolinguistisches Programmieren (NLP)
- kognitiv-behaviorale Coachingkonzepte
- lösungsorientierte Beratung
- positiv-psychologisches Coaching
- ergebnisorientiertes Coaching
- narratives Coaching[23]

Als wichtiges **Unterscheidungsmerkmal** erweise sich dabei die Frage, ob der Coach als Experte eher Ratschläge gebe oder ob er eher Hilfe zur Selbsthilfe leiste, um die Potentiale und Ressourcen des Klienten aktivieren zu helfen.[24] Der Ursprung des Coaching werde im „one-on-one professional development"[25] verortet, gleichwohl könne sich Coaching auch auf andere Zusammenhänge beruflicher oder privater Art beziehen[26] und die Unterstützung könne sich auf Einzelpersonen, aber ebenfalls auf Gruppen von Personen erstrecken[27].

Geißler schlägt ein **Rahmenkonzept** vor, das Coachingansätze in Dimensionen klassifiziert. So wird die Dimension der „psychischen Tiefe" durch die Stufen „Training operativen Zielerreichungslernens" (Hilfe bei der Bewältigung einer konkreten Aufgabe), „Förderung strategischen Erschließungslernens" (Unterstützung bei der Bewusstwerdung eigener Ressourcen, gegebenenfalls zur Bearbeitung bisher

---

22 Vgl. Greif u. a. 2018, S. 5–7.
23 Vgl. ebd., S. 8.
24 Vgl. ebd., S. 3.
25 Jones/Brinkert 2008, S. 5.
26 Vgl. Noble 2012, S. 14.
27 Vgl. Greif u. a. 2018, S. 2.

unbekannter Problemursachen) und „Unterstützung persönlichkeitsbildenden Identitätslernens" (im Zusammenhang mit Motivations- und Sinnfragen) charakterisiert. Daneben schlägt er die Dimension der „sozialen Reichweite" vor. Diese könne sich auf den Einzelnen beschränken (bei der auch die Verbesserung von Beziehungen allein in den Händen des Einzelnen liege), sich auf die Kooperation mit anderen fokussieren (im Sinne eines Schnittstellen- oder Team-Coachings) oder den Einzelnen im Kontext der gesamten Organisation unterstützen (im Sinne eines Executive-Coachings oder Coachings als Organisationsentwicklungstool).[28]

So breit Coaching insgesamt verstanden werden kann, so wird es doch offenbar überwiegend gegen drei andere personenzentrierte Interventionen **abgegrenzt**. Coaching sei kein(e)

- Psychotherapie/Behandlung psychischer Störungen,
- reine Fachberatung (wie Unternehmensberatung, IT-Beratung, medizinische oder rechtliche Beratung),
- Training (wenn dabei das Erlernen eines „idealen" Ablaufmusters wichtiger sei als die individuellen Bedürfnisse des Klienten).[29]

IV. Konflikt-Coaching

Konflikt-Coaching lässt sich auf dieser Basis als ein **Spezialfall** des in Themen und Interventionen breit aufgestellten Coachings verstehen, bei dem Anliegen und Ziel des Klienten konfliktbezogen seien[30]. Jones definiert etwa „conflict coaching" als einen Prozess, in dem Coach und Klient „one-on-one" mit dem Ziel kommunizierten, konfliktbezogen Verständnis, Interaktionsstrategien und Interaktionsfähigkeiten

---

28 Geißler 2004, S. 2f.
29 Vgl. Deutscher Bundesverband Coaching e. V., www.dbvc.de/der-verband/ueber-uns/definition-coaching, zuletzt abgerufen am 27.7.2020; Greif 2018, S. 3f.
30 Vgl. Vollmer/Vetter 2018, S. 315f.

des Klienten zu entwickeln.[31] Noble definiert „conflict management coaching" als einen „one-on-one process", in dem ein ausgebildeter Coach Menschen dabei helfe, ihre Kompetenz und Zuversicht zu entwickeln, in interpersonellen Streitigkeiten und Konflikten zu agieren und diese zu managen.[32] Coaching bei Konflikten biete Unterstützung bei der „Konfliktprophylaxe", bei der „Bewältigung von Konflikten" und könne Aktivitäten der „konstruktiven Stimulierung von Konflikten" durch Führungskräfte mit dem Ziel der Flexibilisierung von Organisationen fördern.[33] Vollmer und Vetter sprechen in diesem Zusammenhang von „präventiven", „kurativen" und „prospektiven" Interventionen bei der Konfliktbearbeitung im Coaching.[34] Coaching diene dem Empowerment des Klienten und Konflikt-Coaching könne als eine auf eine Konfliktpartei beschränkte Entwicklungsmaßnahme verstanden werden, wenn diese als Führungskraft bestimmte Aufgaben nicht bewältigen könne.[35]

Konflikt-Coaching beschäftigt sich also mit Konflikten, geht aber in seiner Wirkung darüber hinaus, in dem es als Schwerpunkt seiner Tätigkeit eher die **Entwicklung des Individuums** im **Umgang mit Konflikten** im Blick hat als allein den Umgang mit einem konkreten Konflikt. Obwohl Konflikt-Coaching auch mit Gruppen durchgeführt werden könne,[36] scheint der Schwerpunkt hier wie beim Coaching auf der Unterstützung von einzelnen Klienten zu liegen.

---

31 Jones/Brinkert 2008, S. 4f.
32 Noble 2012, S. 3.
33 Schreyögg 2011, S. 100.
34 Vollmer/Vetter 2018, S. 321.
35 Vgl. Schwertfeger 2006, S. 235.
36 Vgl. Jones/Brinkert 2008, S. 17.

V. Grenzbereich der Verfahren

Die bereits angesprochene **Unschärfe** des Grenzbereichs zwischen Mediation und Coaching ist einerseits durch bestehende Gemeinsamkeiten und andererseits durch die teilweise begrenzte Bestimmtheit der Verfahren bedingt. So bestehen **Gemeinsamkeiten** bezüglich des Grundverständnisses, der Methoden und der verwendeten Interventionen. Ansätze beider Verfahren gehen von der Selbstbestimmtheit ihrer Klienten, oft aus einem systemisch konstruktivistischen Blickwinkel,[37] aus. Die Lösungsorientierung kann im Vordergrund stehen und häufig gibt es methodische Überlappungen, etwa beim Einsatz von NLP oder konkreten Fragetechniken.[38] Die **begrenzte Bestimmtheit** der Verfahren ermöglicht es, weniger zu sagen, was Mediation oder Coaching *ist*, sondern in einem ersten Schritt eher die Bandbreite möglichen Verständnisses aufzuzeigen. Bei Reduzierung der Unschärfen durch Fokussierung der Verfahren auf ihre **Kernmerkmale** lassen sich jedoch drei deutliche **Abgrenzungskriterien** formulieren. Tab. 1 fasst deren Ausprägungen für die hier diskutierten Verfahren zusammen.

---

[37] Bezogen auf die Mediation vgl. hierzu etwa Duss-von Werdt 2016, S. 251–275.
[38] Vgl. etwa Diez 2019, S. 183–228 für eine Übersicht über teilweise coachingähnliche Instrumente der Mediation.

Tab. 1: Kernmerkmale diskutierter Verfahren

Verfahren	Coaching	Konflikt-Coaching	Einparteien-Mediation	Einzelgespräche in Mediation	Mediation
Anzahl beteiligter Parteien	1	1		1 von ≥ 2	≥ 2
Ziel	Stärkung des Individuums	Konfliktbezogene Stärkung des Individuums	Lösung eines konkreten Konflikts		
Neutralität	Allein dem Klienten verpflichtet		Allparteiliche Arbeit mit einer Partei		Allparteilich

Quelle: Eigene Darstellung.

So sind Coaching und Konflikt-Coaching Verfahren, die überwiegend mit einem **einzelnen** Klienten arbeiten. Die Mediation hingegen setzt voraus, dass mindestens zwei Parteien an ihr beteiligt sind.[39] Das Einzelgespräch wird zwar mit einer Person geführt, findet aber ebenfalls im Rahmen eines Verfahrens mit **mehreren** Parteien statt.

Der **inhaltliche Schwerpunkt** des Coachings ist die Stärkung des Klienten in seinen verschiedenen Anliegen, beim Konflikt-Coaching in einem konkreten Konflikt und im Umgang mit Konflikten generell. Dagegen setzt die Mediation einen konkreten Konflikt voraus, der mit ihr bearbeitet wird. Wegen der Teilnahme aller Beteiligten kann dabei auch die Lösung des Konflikts angestrebt werden. Ein Einzelgespräch unterstützt gegebenenfalls eine Person, um das Ziel der Konfliktlösung der Mediation erreichen zu können.

Der Coach ist allein seinem **Klienten verpflichtet**. So schließe er „an die Lebenswelt und die jeweiligen Perspektiven des Klienten an", er führe den Dialog mit ihm „im gemeinsamen Bezug auf das ‚Dritte' (in Form eines Themas, eines Unternehmenszieles oder anderer

---

39 Vgl. etwa MediationsG § 1 Abs. 1.

Personen)",[40] während der Mediator auch im Einzelgespräch eine **allparteiliche** Haltung einnehme[41].

Die Antwort auf die Frage, wie **Einparteien-Mediation** hier einzuordnen ist, wird in den Kapiteln E und F entwickelt. Dabei wird sich herausstellen, dass sie für interpersonelle und intrapersonelle Anwendungen unterschiedlich zu beantworten ist.

---

40 Spreckelmeyer u. a. 2019, S. 59f.
41 Vgl. Horstmeier 2013, S. 89.

C. Einparteien-Mediation in der Praxis

In diesem Kapitel wird nun aber zunächst analysiert, wie Einparteien-Mediation von deren **Anbietern** dargestellt wird. Dazu werden in Abschnitt I Ziel, Methode und Kriterien für die Recherche sowie die Art der Aufbereitung und Darstellung der Quellen erläutert. In den Abschnitten II bis VI werden grundlegende Fakten zu Angeboten und Anbietern untersucht. In den Abschnitten VII bis IX erfolgt dann eine inhaltliche Analyse der Angebote.

I. Methodik für Recherche und Aufbereitung

Ziel dieser Analyse ist es, alle deutschsprachigen Anbieter von Einparteien-Mediation zu erfassen, die sich von einem interessierten Klienten mit vertretbarem Aufwand im Internet identifizieren lassen. Dazu wurde im Zeitraum 14.6. bis 18.7.2020 eine **Internetrecherche** durchgeführt, bei der die folgenden **Eckpunkte** berücksichtigt wurden:

- Suchmaschinen: Metager, Google, Bing
- Suchbegriffe: Ein-Partei-Mediation, Einparteienmediation, Einzel-Mediation, Einzelmediation, One-Party-Mediation, Einpersonenmediation

Dabei wurden Anbieter berücksichtigt, die die folgenden **Kriterien** erfüllten:

- Einparteien-Mediation wird erkennbar in der hier verwendeten Bedeutung als Dienstleistung oder Aus-/Fortbildung angeboten.
- Anbieter von Einparteien-Mediation als Dienstleistung sind namentlich identifizierbar, verfügen über eine eigene Website oder präsentieren sich individuell auf einer Gruppen-Website, über die sie angefragt werden können.
- Anbieter von Aus-/Fortbildung verfügen entweder über eine eigene Website oder sie sind über die Website einer Organisation bzw. über Seminarangebote von Trägern als Trainer identifizierbar.

Mit dieser Vorgehensweise ließen sich **40** Anbieter identifizieren, die Einparteien-Mediation als Dienstleistung anbieten. Drei von Ihnen und fünf weitere bieten Aus-/Fortbildung zur Einparteien-Mediation an, so dass insgesamt 45 Anbieter untersucht werden können. Deren Auswertung erfolgt auf Basis der zu den angegebenen Zeitpunkten verfügbaren Informationen auf ihren Webseiten. Dabei beziehen sich die Abschnitte II und VII bis IX auf Anbieter von Dienstleistung und Aus-/Fortbildung. Die Abschnitte III bis V betreffen spezifisch Dienstleistungs-, Abschnitt VI spezifisch Aus-/Fortbildungsangebote.

Zusätzlich zur zusammenfassenden Auswertung in den folgenden Abschnitten werden **detailliertere Ergebnisse** in den Übersichten in Anhang 1 (Anbieter von Dienstleistungen) und Anhang 2 (Anbieter von Aus-/Fortbildung) zusammengefasst. Daneben werden in Anhang 3 exemplarisch Anbieter aufgeführt, die die Suchbegriffe in anderer Bedeutung verwenden. Alle Ergebnisse werden in den Anhängen alphabetisch nach Nachnamen bzw. im Einzelfall nach Institutsnamen geordnet. Bezüge zu den Anbietern in Anhang 1 werden in diesem Kapitel durch Nennung des Nachnamens (meist in Klammern) dargestellt. Für Bezüge zu Anhang 2 oder Anhang 3 werden diese zusätzlich explizit angegeben.

II. Verwendete Begriffe für Einparteien-Mediation

Die untersuchten Anbieter von Einparteien-Mediation und/oder Aus-/Fortbildung darin verwenden unterschiedliche **Varianten** dieses Begriffs in insgesamt 15 verschiedenen **Schreibweisen**. Diese lassen sich (Anzahl der Nennungen jeweils in Klammern) den fünf Gruppen Einpartei-Mediation (2), Einparteien-Mediation (4), Einzelmediation (15), One-Party-Mediation (21) und Einpersonen-Mediation (3) zuordnen. Daneben verwenden einzelne Anbieter gelegentlich noch erläuternde Ergänzungen und Zusätze zu diesen Begriffen wie „mediatives Coaching" (1), „Mediation mit einer Partei" (1), „Mediation/Konfliktlösung ohne die andere Partei" (1) und „Konfliktcoaching" (2). Ausgedrückt in prozentualen Häufigkeiten ergibt sich die Darstellung in Abb. 1.

Der Begriff „Einzel-Mediation" wird gelegentlich auf zweierlei Weise mit anderer Bedeutung verwendet. So kann darunter die Bearbeitung eines Konflikts mit einer Person im Gegensatz zur „Gruppen-Mediation" oder „Team-Mediation" für Konflikte zwischen mehr als zwei Personen verstanden werden (etwa Klama oder Krause, beide Anhang 3). Andere unterscheiden Einzel-Mediation von Co-Mediation und beziehen sich damit auf die Anzahl der Mediatoren (etwa Schorn oder Steltzer, beide Anhang 3).[42]

---

[42] N.B.: Horstmeier versteht unter Einzel-Mediation die Durchführung einer Mediation im Einzelfall in Abgrenzung zu einem „institutionalisierten Konfliktlösungs- und Managementmodell" (2013, S. 105).

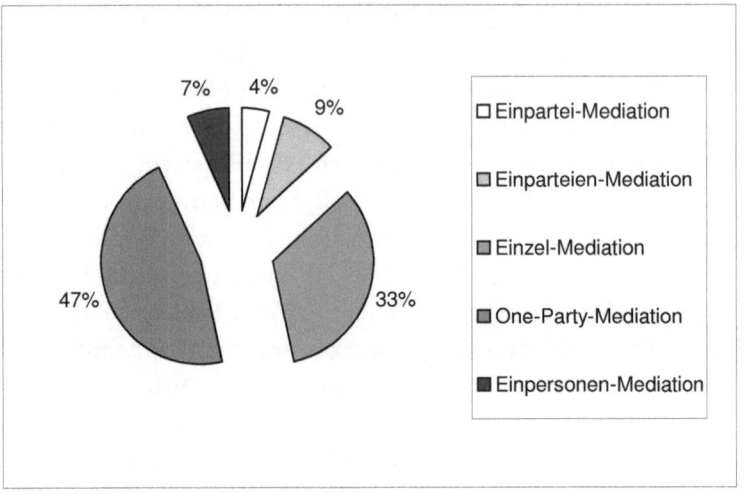

Abb. 1: Häufigkeit der für Einparteien-Mediation verwendeten Begriffsgruppen

Quelle: Eigene Darstellung auf Basis der in Anhang 1 zusammengestellten Daten.

III. Weitere angebotene Dienstleistungen

Keiner der untersuchten Anbieter bietet Einparteien-Mediation als einzige Dienstleistung an. Alle nennen eine oder mehrere weitere Dienstleistungen, die sie als Hauptdienstleistung oder zusätzliche Dienstleistungen erbringen. Diese werden zu ihrer Auswertung folgenden Kategorien zugeordnet:

- Mediation (M[43]): unabhängig vom gegebenenfalls angegebenen Konfliktgebiet (Wirtschaft, Familie ...)

---

[43] Die Buchstaben in Klammern in dieser Aufzählung beziehen sich jeweils auf die in Anhang 1 in der Spalte „Weitere angebotene Dienstleistungen" verwendeten Referenzkategorien.

- Coaching u. a. (C): Unter dieser Kategorie werden Coachingangebote, aber auch andere Angebote der einzelpersonenfokussierenden Unterstützung wie Beratung, „Wegbegleitung" o. ä. zusammengefasst.
- Training (T): Seminare, Workshops o. ä. zur Vermittlung von Kommunikations- oder Sozialkompetenzen im Konfliktumfeld. Ausbildung von Mediatoren in Einparteien-Mediation fällt nicht hierunter. Anbieter solcher Trainings werden separat erfasst und in Anhang 2 dargestellt.
- Moderation (MO): Moderation und andere mehrpersonenbezogene Unterstützungsleistungen wie Paarberatung o. ä.
- Konfliktmanagementberatung (KM) als Beratung im Unternehmensumfeld zum Management von Konflikten
- Supervision (S): wenn diese explizit als Dienstleistung so benannt wird, sowohl als Einzel- oder als Gruppensupervision
- Rechtsdienstleistung (R): wenn diese explizit angegeben wird oder wenn Anbieter nach eigenen Angaben derzeit als Rechtanwalt tätig sind
- Sonstige (SO): andere Dienstleistungen, die keiner der vorgenannten Kategorien zugeordnet werden können

Einparteien-Mediation in der Praxis

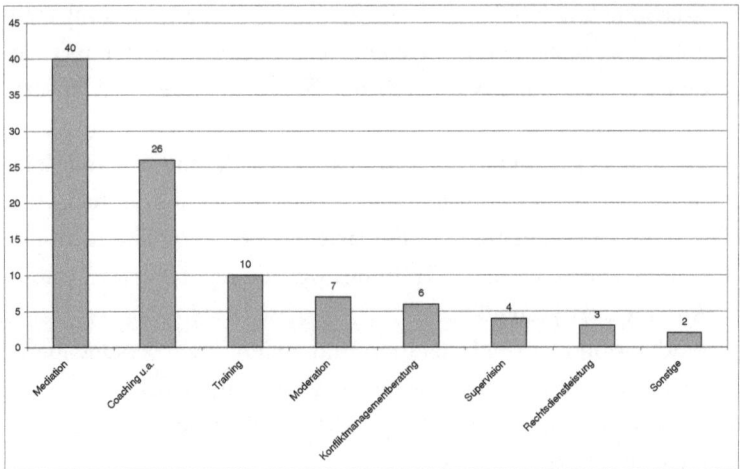

Abb. 2: Weitere von Einparteien-Mediatoren angebotene Dienstleistungen

Dargestellt ist jeweils die Anzahl der Anbieter, die die weitere Dienstleistung anbieten (Mehrfachnennungen möglich). Quelle: Eigene Darstellung auf Basis der in Anhang 1 zusammengestellten Daten.

Alle Anbieter bieten **Mediation** als Dienstleistung an (40). **Coaching** u. a. wird von 26 Anbietern, Training von zehn erwähnt. Moderation, Konfliktmanagementberatung, Supervision, Rechtsdienstleistung und Sonstige werden von jeweils sieben oder weniger Anbietern angeboten (vgl. Abb. 2). Die mit der Einparteien-Mediation verwandte Stellvertreter-Mediation[44] wird darüber hinaus von einem Anbieter erwähnt (Braune).

---

44 Im Unterschied zur Einparteien-Mediation werde die anwesende Partei dabei von zwei Mediatoren unterstützt, bei denen einer in seiner Rolle als Mediator bleibe, während der andere zwischen der Rolle des Mediators und eines auf bestimmte Weise agierenden Stellvertreters der abwesenden Partei wechsele (vgl. Sander/Hatlapa 2010 oder Stoldt 2009).

IV. Konfliktgebiet

38 der 40 Anbieter machen Angaben zum Gebiet, in dem die von Ihnen bearbeiteten Konflikte auftreten, oder eine solche **Schwerpunktbildung** lässt sich unmittelbar aus den geschilderten Angeboten ableiten. Diese werden in sieben Kategorien eingeteilt:

- Wirtschaft (W[45]), wenn in ihrer allgemeinen Form so genannt, einschließlich Unternehmen gegebenenfalls mit Branchenspezialisierung oder Angabe „beruflich". Wegen ihrer besonderen Häufung wird die Branche
- Bau/Immobilien (B) als Unterkategorie zu Merkmal W erhoben.
- Organisationen (O), insbesondere Verwaltung, NGOs, Vereine, Gemeinden, Kirche, Schulen oder solche aus Wissenschaft, Kultur und Politik
- Familie (F) für ein Umfeld aus Familie, Paaren oder den Angaben „privat" oder „soziales Umfeld"
- Erbschaftsangelegenheiten (E), einschließlich Erbfolge und Unternehmensnachfolge
- Nachbarschaft (N), einschließlich Hausgemeinschaften
- Zwei Anbieter machen keine erkennbaren Angaben (K) zu einer konfliktgebietsspezifischen Spezialisierung.

---

45 Die Buchstaben in Klammern in dieser Aufzählung beziehen sich jeweils auf die in Anhang 1 in der Spalte „Konfliktgebiet" verwendeten Referenzkategorien.

Einparteien-Mediation in der Praxis

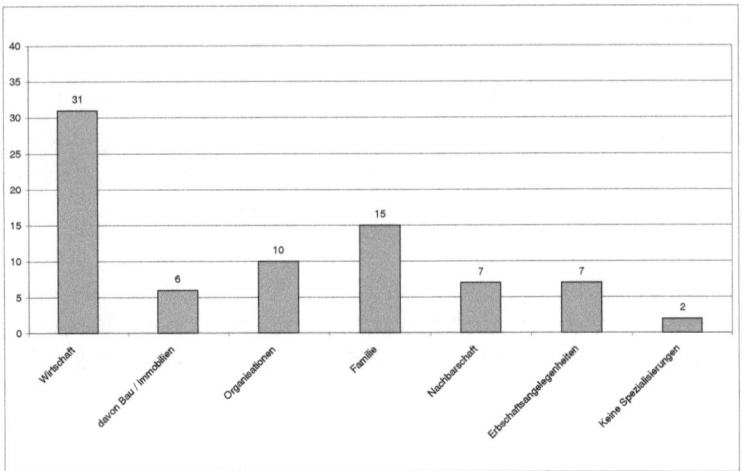

Abb. 3: Konfliktgebiete angebotener Einparteien-Mediation

Dargestellt ist jeweils die Anzahl der Anbieter, die das genannte Konfliktgebiet erwähnen (Mehrfachnennungen möglich). Quelle: Eigene Darstellung auf Basis der in Anhang 1 zusammengestellten Daten.

33 Anbieter erwähnen mehr als ein konkretes Konfliktgebiet aus diesen Kategorien. Im Einzelnen ergibt sich folgendes Bild (vgl. Abb. 3): Die deutliche Mehrheit der Anbieter (31 von 40 oder 78 Prozent) bietet Einparteien-Mediation explizit im Wirtschafts- und Unternehmensumfeld an. 19 Prozent (sechs von 31) davon beziehen sich (auch) explizit auf das Bau- und Immobilienumfeld, der einzig erkennbare Branchenschwerpunkt mit mehr als zwei Nennungen. Zählt man zu den 31 diejenigen fünf Anbieter hinzu, die Organisationen als Schwerpunkt ohne gleichzeitige Nennung von Wirtschaft benennen, so ergibt sich, dass 36 von 40 oder 90 Prozent **Wirtschaft, Unternehmen oder Organisationen** als Konfliktgebiet benennen. Oder anders ausgedrückt: Alle bis auf zwei Anbieter (95 Prozent oder 36 von 38), die eine Spezialisierung benennen oder explizit erkennbar machen, benennen Wirtschaft oder Organisationen als spezifisches Konfliktgebiet. 38 Prozent (15 von 40) nennen die Familie als betrachtetes Konfliktgebiet, gefolgt von Nachbarschaft und Erbschaftsangelegenheiten mit jeweils 18 Prozent.

V. Grundberuf der Anbieter

Der Beruf des Mediators wird in der Regel nicht als Erstberuf ergriffen, sondern stellt eine **Zusatzqualifikation** nach oft längerer Berufs- und Lebenserfahrung dar.[46] Für die untersuchten Anbieter kann, soweit von ihnen angegeben, der Grundberuf einer der folgenden Kategorien zugeordnet werden:

- Rechtsanwalt (R^{47}), einschließlich anderer Formen juristischer Berufsausübung
- Wirtschaftswissenschaften (W), einschließlich kaufmännischer Ausbildung und zuordenbaren kombinierten Ausbildungen wie Wirtschaftsinformatik oder Datenverarbeitungskaufmann
- Psychologie (P), Pädagogik und Sozialwissenschaften, inklusive möglicher Spezialisierungen
- technische (T) und naturwissenschaftliche Grundberufe
- Sonstige (S), wenn der Grundberuf keiner der vorgenannten Kategorien entstammt
- (K) für keine Angaben, wenn sich der Website des Anbieters keine Hinweise hierzu entnehmen ließen

Es zeigt sich, dass das Spektrum der Grundberufe breit verteilt ist. Jeweils zwischen 15 und 22 Prozent der Anbieter stammen aus einem der Grundberufe Psychologie/Pädagogik/Sozialwissenschaften, Rechtswissenschaften, Wirtschaftswissenschaften und Technik/Naturwissenschaften. Die sonstigen Grundberufe, die mit insgesamt 18 Prozent vertreten sind, entstammen einem breiten Spektrum, das zum Beispiel Journalist, Theologe, Berufsoffizier, Verwaltungswissenschaftlerin und Krankenpfleger umfasst (vgl. Abb. 4).

---

46 So gebe es in einer Befragung von 1 019 Mediatoren praktisch keine, die jünger als 25 Jahre alt seien (vgl. Masser u. a. 2017, S. 58f.).
47 Die Buchstaben in Klammern in dieser Aufzählung beziehen sich jeweils auf die in Anhang 1 in der Spalte „Grundberuf" verwendeten Referenzkategorien.

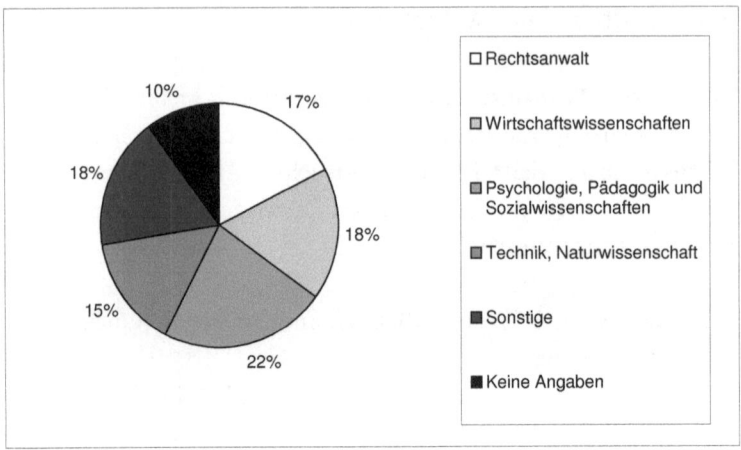

Abb. 4: Grundberufe der Anbieter von Einparteien-Mediation

Dargestellt ist jeweils der prozentuale Anteil der Anbieter, die den genannten Grundberufen entstammen. Quelle: Eigene Darstellung auf Basis der in Anhang 1 zusammengestellten Daten.

VI. Besonderheiten der Aus-/Fortbildungsangebote

Drei der 40 Anbieter von Einparteien-Mediation bieten auch einschlägige Aus-/Fortbildung hierzu an. Weitere fünf Anbieter von Aus-/Fortbildung bieten die Dienstleistung selbst nicht explizit an.

Zwei der somit insgesamt **acht Anbieter** integrieren Einparteien-Mediation als Teil einer Mediationsausbildung mit einem anteiligen Zeitbudget von offenbar wenigen Stunden (von Hertel und Ausbildungsinstitut perspectiva, beide Anhang 2). Bei den Fortbildungsveranstaltungen bieten zwei Anbieter ein jeweils eintägiges Seminar exklusiv zum Thema (Bubert und Urban, beide Anhang 2) an. Die verbleibenden vier Anbieter kombinieren Einparteien-Mediation als Inhalt gemeinsam mit verwandten Themen in ein- bis dreitägigen Seminaren. Ein Anbieter (Bubert, Anhang 2) behandelt dabei neben der Bearbeitung interpersoneller auch explizit die Anwendung auf intrapersonelle Konflikte.

VII. Ausgangssituationen

Um die von den Anbietern beschriebene Ausgangssituation ihrer Klienten zu erfassen, werden deren Aussagen bezüglich folgender **Fragestellungen** untersucht. Dabei sind jeweils mehrere Antworten möglich:

- Liegt ein konkreter Konflikt vor?
- Wenn ja, ist dies ein interpersoneller oder ein intrapersoneller Konflikt?
- Wie viele Konfliktparteien sind bei der Einparteien-Mediation anwesend?
- Warum sind andere Parteien nicht anwesend?

Die Auswertung ergibt die Baumstruktur in Abb. 5, die wie folgt beschrieben werden kann: Die weit überwiegende Zahl der Anbieter (38 von 40) beschreibt als Ausgangssituation explizit oder implizit einen **konkreten interpersonellen Konflikt** mit einer einzelnen in der Einparteien-Mediation anwesenden Konfliktpartei (A[48]). Der Grund, warum nur eine Partei partizipiert, wird dabei von jeweils elf Anbietern bei der abwesenden (A1) und der anwesenden Partei (A2) verortet. Konfliktpartner seien nicht zur Mediation bereit (A1), könnten aber auch nicht erreichbar (A1a: Landgräber) oder wegen einer kognitiven Problematik (z.B. Demenz) nicht in der Lage sein, an einer Mediation teilzunehmen (A1b: Grothe). Auch der Klient als Konfliktgeber selbst könne (noch) nicht zu einer Mediation bereit sein (A2: etwa Frieportner), schwierige Gespräche oder Verhandlungen sollten vorbereitet werden (A2: Lietz, Pawig, Schurig), insbesondere auch bei „schwierigen unternehmerischen Szenarien, die nicht im Kollegenkreis diskutiert werden sollten" (A2: Kling).

---

[48] Die Buchstaben in Klammern beziehen sich jeweils auf die in Abb. 5 und im Anhang 1 in der Spalte „Ausgangssituation" verwendeten Referenzkategorien.

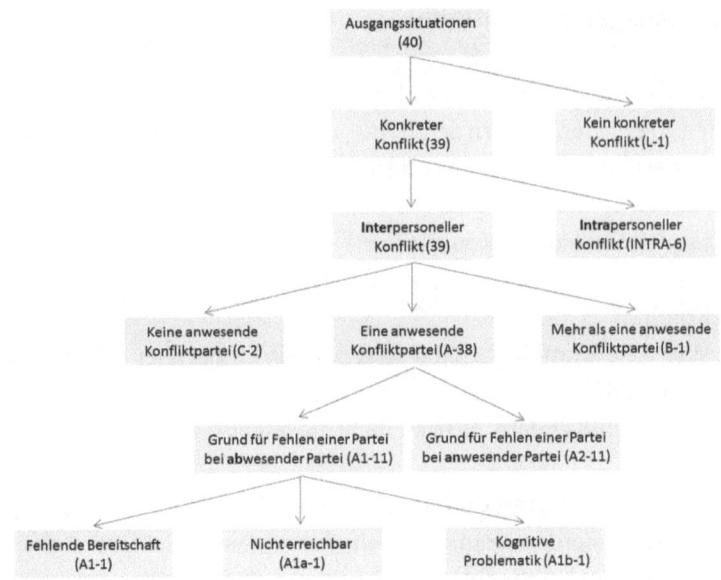

Abb. 5: Ausgangssituationen für Einparteien-Mediation

Angaben in Klammern: Ggf. in Anhang 1 in der Spalte „Ausgangssituation" verwendete Referenzkategorie, Anzahl der Nennungen (Mehrfachnennungen möglich). Quelle: Eigene Darstellung auf Basis der in Anhang 1 zusammengestellten Daten.

Einzelne Anbieter benennen, fast immer zusätzlich, noch folgende weitere Ausgangssituationen: Lietz sieht eine mögliche Ausgangssituation auch in der Vorbereitung auf zukünftige Konflikte („Sie wollen für zukünftige Konflikte gerüstet sein und suchen eine Möglichkeit, dies zu lernen"), für die es keines aktuellen Konfliktes bedarf (L). Sechs Anbieter beziehen sich explizit auf intrapersonelle Konflikte (INTRA) und einer dieser Anbieter bietet das bei ihm „Einzelmediation" genannte Verfahren exklusiv in diesem Zusammenhang an (Viebrock). Zwei Anbieter bieten Einparteien-Mediation auch als Hilfe zum Umgang mit Konflikten anderer an (C: Horster, Masur). Hier ist der Klient selbst keine Konfliktpartei, sondern möchte „mittelbar konstruktiv auf einen Konflikt einwirken und eine friedliche Lösung unterstützen" (Masur).

Wollersen sieht „One-Party-Mediation" auch als Möglichkeit der Bearbeitung von Team-Konflikten bei Abwesenheit einzelner Parteien (B).

VIII. Beschriebene Wirkungen

25 der insgesamt 40 Anbieter äußern sich auf ihren Webseiten zu der Frage, für welche **Ziele** und Erwartungen Einparteien-Mediation angeboten wird, bzw. stellen dar, welche Ergebnisse als erreichbar angesehen werden. Deren Aussagen lassen sich dabei in die **drei Gruppen** Wirkung auf den Klienten, Wirkung auf den Konfliktpartner und Wirkung auf den Konfliktverlauf unterteilen.

1. Wirkung auf den Klienten

Bezüglich der unmittelbaren Wirkung auf den Klienten steht für 13 Anbieter die **Klärung des Konflikts** im Vordergrund. Diese bedeute insbesondere die Klärung von

- Ursprung und Entstehung des Konflikts (Jennewein, Jung),
- eigenem bisherigen Denken und Verhalten (Grothe),
- eigenem Konfliktanteil (Galka, Winges),
- eigenem Standpunkt (Horster, Jung),
- Motiven und Beweggründen (Grothe),
- guten Gründen hinter dem Handeln des Gesprächspartners (Unglaub),
- Zielen des Gesprächspartners (Bubert),
- verschütteten Interessen und Wünschen (Kling),
- Ressourcen und Chancen (Grothe),
- dem, was (wirklich) wichtig sei (Ingwersen-Herrmann),
- eigenen Zielen (für die Zukunft) (Bubert, Pawig),
- eigener Lösungsbereitschaft (Jung),
- (guten und schlechten) Alternativen und Synergien (Bubert, Jennewein, Pawig).

Die **Veränderungsbereitschaft des Klienten** werde dabei gefördert, indem dieser

- Gedanken und Fakten in einem anderen Licht sehen könne (Hofmann),
- die Situation realistischer einschätzen könne (Horster, Masur),
- größeren Spielraum und mehr Flexibilität erhalte, mit dem Konflikt umzugehen (Bubert).

Damit könnten **Veränderungen beim Klienten** erfolgen, und zwar ihm ermöglichen,

- gut für sich zu sorgen (Grothe),
- Stress abzubauen (Horster, Masur),
- eine entlastende, entspannende und deeskalierende Wirkung zu erleben (Unglaub),
- dem Konfliktpartner rationaler und weniger emotional zu begegnen (Urban).

Auf dieser Basis könnten dann für die **Zukunft**

- neue Wege entdeckt (Thiede) und Alternativen und Synergien des Miteinander gefunden werden (Jennewein),
- Ideen für Lösungsoptionen oder Vertragsgestaltungen entstehen (Urban, Winges),
- Ideen für eigene künftige Verhaltensweisen und Kommunikationsstile identifiziert werden (Jung),
- Lösungswege erarbeitet werden, die für den Klienten neu seien (Winges),
- Umsetzungsszenarien bestimmt werden (Haga, Kling),
- Entscheidungshilfen entstehen (Ulrich),
- eine Checkliste für mögliche Verhaltensweisen gegenüber der abwesenden Konfliktpartei aufgestellt werden (Galka).

Der Klient könne durch diese Vorbereitung gestärkt in weitere Gespräche, eine Verhandlung oder eine Mediation mit dem Konfliktpartner gehen (Bubert).

2. Wirkung auf den Konfliktpartner

Auch den **Konfliktpartner** würde das Verfahren „nicht unbeeinflusst lassen" (Bubert), obwohl er an der Einparteien-Mediation gar nicht teilgenommen hat. Als Erklärung hierfür wird etwa angeboten, dass

- durch das Aufräumen interner Konflikte soziale Kontakte gestärkt würden (Landgräber),
- Selbstklärung, Stressabbau und realistischere Einschätzungen sich mittelbar mediativ auf alle Beteiligten auswirkten (Masur).

3. Auswirkungen auf den Konfliktverlauf

Dies könne dann insgesamt dazu führen, dass man im Sinne des Konfliktlösungsprozesses einen Schritt weiter gehen (Stöhr), den bisherigen **Konfliktverlauf** unterbrechen könne (Grothe), nun eine gemeinsame Konfliktlösung (Unglaub), etwa durch eine gemeinsame Mediation (Heines, Pawig, Thiede), möglich sei oder evtl. bereits der vollständige Konflikt gelöst werden könne (Stöhr, Temp).

IX. Gestaltung des Verfahrens

Wie beschreiben nun die Anbieter die Gestaltung des Verfahrens, mit dem Sie diese Wirkungen erzielen möchten? 29 der insgesamt 40 Anbieter äußern sich hierzu auf ihren Webseiten. Die gemachten Aussagen betreffen Setting und Atmosphäre, Eigenschaften und Haltung des Mediators, Bestandteile des Verfahrens sowie dessen Strukturierung.

1. Setting und Atmosphäre

Wichtig ist Anbietern, für Ihre Klienten einen „geschützten" Raum (Grothe, Jung) an einem „neutralen Ort" (Jennewein) zu schaffen. In einem „Einzelsetting" (Vetter) liege der Fokus ganz auf einer Person (Ulrich). Wichtig sei dabei, genug Zeit zu haben (Jennewein). Die Gesprächsatmosphäre sei diskret und „unblutig" (Urban) und werde geprägt durch Ruhe (Urban), Offenheit (Grothe) und Vertraulichkeit (Jung).

2. Haltung und Verhalten des Mediators

Eine Anbieterin wird von einer Referenzklientin als souverän und kompetent beschrieben (Hofmann). Die Anbieter beschreiben ansonsten eine **vertrauensvolle Grundhaltung**, in der sich Klienten geborgen fühlen können. Diese sei etwa konstruktiv und gewaltfrei (Galka), „mit Respekt auf Augenhöhe" (Galka), „gesichtswahrend" (Urban), „wertschätzend", „angemessen", „respektvoll", „fair" (Jung) oder „mediativ" (Grothe).

Soweit sich dies aus den Angaben herauslesen lässt, scheinen die Anbieter eher inhaltlich **nichtdirektiv** und **lösungsorientiert** zu agieren als bewertend/beratend und problem- bzw. vergangenheitsorientiert: So erteile Braune (Anhang 2) „keine Ratschläge", sondern versetze den Klienten in die Lage, Lösungen selbst zu entwickeln. Eggers und Ingwersen-Herrmann „helfen" ihren Klienten, die „Art der Fragestellung" spiele bei Hofmann eine Rolle, Viebrock stelle „Verständnisfragen". Grothe bleibe dabei „wertungsfrei". Urbans Haltung sei lösungsorientiert und systemisch. Galka mache durch „Sowohl-als-auch-Denken Unterschiede und Gegenteile als Teile des Ganzen sichtbar". Jung scheint dagegen mit einer „versöhnungsorientierten" Haltung inhaltlich etwas mitzugestalten. Seine Betonung einer „hypothesengesteuerten Vergangenheitsklärung" misst ähnlich wie Unglaub mit der Betrachtung der „Ursachen und Hintergründe des Konfliktes" der Vergangenheitsbetrachtung eine größere Bedeutung bei.

3. Bestandteile des Verfahrens

Aus den Angaben der Anbieter lassen sich drei Hauptbestandteile des Verfahrens ableiten: Die Arbeit an der **Sicht des Klienten**, der **Perspektivwechsel** und die **Gestaltung der Zukunft**.

Kongruent mit der Zielsetzung der Klärung scheint bei vielen Anbietern zunächst die **Sicht des Klienten** und die Klärung von dessen Interessen (Jennewein, Ingwersen-Herrmann) bzw. dessen Interessen und Bedürfnissen (Ulrich) Ausgangspunkt der gemeinsamen Arbeit zu sein.

Neben dieser Selbstklärung kommt dem **Perspektivwechsel** des Klienten (etwa Stöhr) in der Darstellung vieler Anbieter eine wichtige Rolle zu. Dafür sei etwa wichtig, den Konflikt aus anderen Perspektiven zu betrachten (Grothe) und auch den Blickwinkel des Streitpartners einzunehmen, um dessen Interessen zu erarbeiten (Jennewein). Um dies zu erreichen, sei der Konfliktpartner „fiktiv anwesend" (Winges), was methodisch durch das Bereitstellen eines leeren Stuhls unterstützt werden könne (Pawig, Wollersen). Um den Perspektivwechsel zu unterstützen, eigneten sich auch systemische Aufstellung oder Mediationsaufstellungen (Stöhr), die „Aufstellung mittels kleiner Gegenstände" (Thiede) oder die Arbeit mit dem „Systembrett" (Stoldt)[49].

Zur **Gestaltung der Zukunft** gehörten nach den Anbietern etwa persönliche Strategien für die Bewertung der Klientensituation (Jennewein), die Lösungsfindung (Ulrich), die Entwicklung von Gesprächsszenarien einschließlich des Durchspielens von „Worst-Case-Szenarien" (Haga) sowie die Erarbeitung nächster Schritte (Jennewein).

4. Strukturierung des Verfahrens

Die Struktur des Verfahrens erscheint vielen Anbietern **wichtig**. So sei dieses „strukturiert" (Urban), „ein strukturiertes Gespräch" (Jennewein), es gebe „der Sache Struktur" (Viebrock), erfolge „Schritt

---

[49] Vgl. hierzu etwa Polt/Rimser 2015.

für Schritt" (Eggers, Hofmann) oder bedeute, den Konflikt „durchzuarbeiten" (Lietz).

Wie dieser Prozess strukturiert wird, wird auf unterschiedliche Weise meist eher **angedeutet** als beschrieben. Einige Anbieter benennen dazu verwandte Verfahren, um einen Eindruck hiervon zu vermitteln. So werden Verhandlungscoaching (Böttger), Einzelcoaching, Einzelberatung, Einzelgespräche mit beiden, Einzelgespräche während der Mediation (Friepörtner) oder „Mehrpersonenmediation" (Klehr) als Referenzverfahren benannt. Nach Langner verlaufe der Prozess „nach den Prinzipien der Mediation in einer Art Coaching-Verfahren".

Jung skizziert als einziger Anbieter eine spezifische Vorgehensweise. So werde in einem ersten Gesprächstermin über den Konflikt gesprochen und welche Belastungen und Störungen sich daraus ergäben. Es werde ebenfalls geklärt, ob der Klient bereit sei, „nach einer Lösung zu suchen". In weiteren Terminen werde dann auf die Ursachen geschaut und über neue Handlungsweisen gesprochen.

Weitere vier Anbieter **referenzieren** aus der Literatur bekannte Ansätze zur Einparteien-Mediation. So verweist Murbach auf die von ihm entwickelte „Ein-Partei-Mediation",[50] Bubert erwähnt von Hertel und ihre Monografie zum Thema Konfliktlösung als Quelle,[51] Schmezer verweist auf die „Konflikt-Perspektiv-Analyse (KPA, nach inmedio)"[52] und Temp führe ihre Mediationen nach der „ALPHA-Struktur von Anita von Hertel"[53] durch, die auch für ihre „Mediation/Konfliktlösung ohne die zweite Partei" Anwendung zu finden scheint.

---

50 Vgl. Murbach 2006.
51 Vgl. Hertel 2013.
52 Vgl. Wüstehube 2004.
53 Vgl. z.B. Hertel 2013.

D. Einparteien-Mediation in der Literatur

In der Literatur werden **drei** in sich weitgehend geschlossene **Ansätze** identifiziert, die zur Gestaltung von Einparteien-Mediation angewandt werden können. Diese werden im Folgenden einzeln nach einer einheitlichen Struktur ausgewertet und dann in Abschnitt IV vergleichend gegenübergestellt.

I. „Einpartei-Mediation" nach Murbach

1. Grundannahme
Ausgangspunkt der Überlegungen von Murbach sei die Tatsache gewesen, dass im Mediationszentrum St. Gallen immer wieder **Medianden abgewiesen** werden mussten, die selbst unbedingt eine Mediation durchführen wollten, deren Gegenseite aber nicht dazu bereit war. Die Einpartei-Mediation sei dann eine „im Bedarfsfall doch hilfreiche Mediationsform" und solle optimale Voraussetzungen für eine Entspannung in der Konfliktsituation schaffen. Allerdings sei sie eine Form, die es eigentlich gar nicht geben dürfte und die es allgemein zu vermeiden gelte. Einpartei-Mediation dürfe nie berühmt werden und müsse Seltenheitswert behalten. Gleichwohl habe Murbach für ihn überraschend positive Reaktionen aus dem Kreis von Berufskollegen auf die Idee der Einpartei-Mediation registriert.[54]

---

54 Vgl. Murbach 2006, S. 78.

2. Ausgangssituation/Voraussetzungen

Die **Ausgangssituation** wird als interpersoneller Konflikt mit zwei Parteien beschrieben, bei dem die abwesende Partei nicht zu einer Mediation bereit sei.[55] Murbach benennt zwei **Voraussetzungen** für die Durchführung der Einpartei-Mediation:

- Die mediationsoffene Partei strebe einen „bewusst friedlichen konsensualen Weg" der Konfliktbearbeitung an.
- Der Konfliktpartner verweigere sich „auch nach längerer Überlegenszeit" und definitiv der Mediation. Die ablehnende Partei müsse ihre Haltung „in schriftlicher Form bestätigen".[56]

3. Ziele/Ergebnisse

Ziel sei, dass die überzeugende Struktur der Mediation auch in der Arbeit mit einer Person erfolgreich Anwendung finde. Analog zu Coaching und Therapie, die sich in der Einzelarbeit auch auf das persönliche Umfeld auswirkten, könne auch Einpartei-Mediation diesen Anspruch in einem Konfliktumfeld vielleicht erfüllen, das hieße, sie könne **auch über die anwesende Partei hinaus** Auswirkungen im Konfliktgeschehen entfalten.[57]

4. Prozess/Methode

Für die Durchführung wird ein sechsphasiges „mediationsübliches"[58] Phasenmodell auf die Einparteien-Situation angepasst und um eine zusätzliche Phase erweitert:

- Phase 1 – **Eröffnung**: Diese Phase unterscheide sich inhaltlich nicht von einer vergleichbaren Mediationsphase.

---

55 Vgl. Murbach 2006, S. 78.
56 Vgl. ebd.
57 Vgl. ebd., S. 81.
58 Ebd., S. 79.

- Phase 2 – **Themen**: Die Themen würden in T-Form auf einem Flipchart festgehalten. Erst würde die Klientenspalte durch diesen „möglichst vollständig erstellt". Die Spalte der abwesenden Partei werde danach zunächst ebenfalls durch den Klienten erarbeitet, im Anschluss würden Ergänzungen des Mediators aufgenommen, wenn der Klient diesen zustimme. Wichtig sei in dieser Phase, dass keine Darlegung des Konflikts als Einstieg zuzulassen sei, damit schon hier dem Medianden die Andersartigkeit der Gesprächsführung deutlich werde.
- Phase 3 – **Interessen**: Die Ermittlung von Anliegen, Bedürfnissen und Interessen erfolge analog zu Phase 2.
- Phase 4 – **Optionen**: Das Sammeln von Optionen erfolge brainstormingorientiert auch unter (vorsichtiger) Einbeziehung des Mediators, der hier auch ohne Zustimmung des Klienten Optionen notieren dürfe. Gegebenenfalls könnten diese priorisiert werden, und zwar erst aus Sicht des Klienten, dann aus hypothetischer Sicht der anderen Konfliktpartei.
- Phase 5 – **Verhandeln**: Einseitige Angebote des Klienten würden registriert, aber nicht weiter bearbeitet. Mögliche Überlegungen und Reaktionen der anderen Konfliktpartei könnten jedoch einfließen.
- Einschub einer zusätzlichen „**Verbindungsphase**"[59]: Der Klient werde durch den Mediator in mediativem Denken und Handeln geschult (z.B. „Komponenten entspannter Kommunikationsführung", „Trennen von Sach- und Beziehungsebene"), dadurch solle ein „individuelles Rückbindungssystem" entwickelt werden, das zur De-eskalation beitragen solle.
- Phase 6 – **Vereinbarung**: Hier gehe es nicht um eine inhaltliche Fixierung, sondern um den Umgang mit dem Erarbeiteten und Vorbereitungsarbeiten zu einer möglichen Lösungsfindung.[60]

---

59 Murbach 2006, S. 80, Hervorhebung durch den Verfasser.
60 Vgl. ebd., S. 79–81.

Die hypothetische Arbeit erfordere dabei in hohem Maß Ehrlichkeit und Offenheit des Klienten. Nur so sei ein Erfolg möglich. Dies müsse vor jeder Phase hervorgehoben werden. Die zentrale Rolle des Mediators, insbesondere in den Phasen 2 und 3, sei das „Loopen und Paraphrasieren", denn es könnten auch in Folgephasen noch Ergänzungen hinzugefügt werden.[61]

5. Sonstiges
Falls im Anschluss eine „Mediation im eigentlichen Sinn" erfolge, dürfe diese „natürlich nicht" durch den bisherigen Mediator durchgeführt werden.[62]

II. Konflikt-Perspektiv-Analyse (KPA)[63] nach Wüstehube

Wüstehube[64] stellt in ihrem Beitrag die ansonsten **proprietäre** Konflikt-Perspektiv-Analyse (KPA) vor, die von der inmedio Berlin/Frankfurt am Main entwickelt worden sei. Eine darin für die Publikation im Haupt Verlag, Bern angekündigte Monografie mit Erscheinungsjahr 2005 zum „Perspektivwechsel mit Schwerpunkt auf der KPA" scheint dort nicht erschienen zu sein.[65]

1. Grundannahme
Die Konflikt-Perspektiv-Analyse sei ein „mediationsanaloges Instrument zur konstruktiven Analyse und Bearbeitung von Konflikten". Sie

---

61 Vgl. Murbach 2006, S. 80.
62 Vgl. ebd., S. 81.
63 „KPA Konflikt-Perspektiv-Analyse" war eine Wortmarke, die am 1.6.2014 gelöscht wurde, vgl. Deutsches Patent- und Markenamt, https://register.dpma.de/DPMAregister/marke/register/304242284/DE, zuletzt abgerufen am 24.7.2020.
64 Wüstehube 2004.
65 Vgl. ebd., S. 18.

„fokussiert auf den **Moment des Perspektivwechsels**" als entscheidendem Wendepunkt in der konstruktiven Konfliktbearbeitung.[66]
Im Konflikt werde die menschliche Fähigkeit zur Empathie und Anerkennung anderer geradezu verschüttet; das eigene Betroffensein erschwere es „extrem", die Perspektive eines anderen einzunehmen.[67] Um hier gegenzusteuern, folge die KPA einem 5-stufigen Modell **gegenseitiger Anerkennung**:

1. Wiedererlangung der Fähigkeit anzuhören, was die andere Partei sagt
2. Bereitschaft, dieses zu wiederholen
3. zu glauben, dass der Gegner das, was er sagt, selbst tatsächlich glaubt
4. anerkennen, dass die unterschiedlichen Wahrheiten eine Existenzberechtigung haben
5. die eigene Wahrheit als Teilwahrheit relativieren[68]

Nach Erfahrung der Autorin und Ihrer Kollegen seien Fälle, „bei denen (zunächst) nur eine Partei an einer Bearbeitung interessiert ist, wesentlich **häufiger** anzutreffen als Mediationsfälle, in denen alle Parteien sofort bereit sind, an einen Tisch zu kommen".[69]

2. Ausgangssituation/Voraussetzungen

KPA komme zum Beispiel in der Mediation mit Gruppen und der Teamentwicklung oder als Analyseinstrument in der Supervision zum Einsatz und könne auch dann erfolgreich angewendet werden, „wenn nur eine der Parteien zur Bearbeitung bereit ist".[70]

---

66 Vgl. Wüstehube 2004, S. 18, Hervorhebung durch den Verfasser.
67 Vgl. ebd.
68 Vgl. ebd., S. 19f
69 Ebd., S. 20, Hervorhebung durch den Verfasser.
70 Ebd.

3. Ziele/Ergebnisse

Die Bearbeitung des eigenen Konfliktes mit KPA führe in der Regel bereits zu einer inneren Perspektiverweiterung und damit zu **Deeskalationsbewegungen**. Ein mögliches Ergebnis könne so zum Beispiel die Stärkung einer Partei sein, die dann in der Lage wäre, die andere Seite zu einer Konfliktbearbeitung zu motivieren. Ein zweiter Schritt könne, müsse aber nicht unbedingt eine Mediation sein.[71]

4. Prozess/Methode

Basierend auf den „bekannten Phasen der Mediation"[72] wird der Verlauf einer KPA am Beispiel einer **Gruppenmediation** beschrieben. Diese folge dann den folgenden Phasen:

- Eröffnung [nicht explizit genannt]
- Darstellung von Sichtweisen und Themensammlung: Eigene Sichtweisen der Klienten würden vor Eintritt in die Interessenphase dargestellt.
- Anstatt der klassischen Interessenphase erfolge hier eine Modifikation, in der der Kern der KPA-Methode stecke:
  - Medianden würden zunächst **in Gruppen** aufgeteilt. Unter Verwendung von gegenseitigen Einfühlungshypothesen, Einfühlungslisten, bei denen ausschließlich aus Sicht der Gegenpartei gearbeitet werde, würden gegebenenfalls widersprüchliche oder ambivalente Stimmen der Parteien hörbar gemacht. Verstärkt werde der Perspektivwechsel dadurch, dass Medianden in der Rolle des anderen mit Namen angesprochen werden. Analog erfolge aber auch die Interessenklärung „über Kreuz", indem interessenklärende Fragen vom Mediator „an die jeweils andere Seite gestellt werden". Konflikthintergründe würden auf Flipcharts visualisiert.

---

71 Vgl. Wüstehube 2004, S. 20.
72 Ebd., S. 21.

- Im nächsten Schritt kämen **alle zusammen** und jede Gruppe stelle der Gegenseite jeweils szenisch ihre Einfühlungshypothesen als „inneren Monolog" vor. Dieser Schritt erweise sich meist als „Wendepunkt in der gesamten Konfliktbearbeitung".
- In beiden Schritten werde dabei durch den Mediator eine „Grounding" genannte Fragetechnik auf Basis leicht modifizierter Anwendung der gewaltfreien Kommunikation (GFK) nach Rosenberg[73] genutzt.
- Bei der Optionssuche werde der Blick zunächst auf Gemeinsamkeiten, dann auf konträre Interessen gerichtet. Kreativitätsanregende Fragen des Mediators, auch hier insbesondere über Kreuz gefragt, wären hier wichtig. Die Fallgeber blieben hier „Eigentümer ihres Konflikts", das heißt, sie selbst entschieden über „Optionen und Umsetzung".
- Priorisierung, Verhandlung, Vereinbarung [werden nicht näher ausgeführt][74]

Die Arbeit bleibe dabei zeitlich begrenzt und überschaubar.[75]

Für die **Einparteien-Mediation** lassen sich hieraus analoge Szenarien zur Umsetzung des Perspektivwechsels ableiten, ohne dass diese von Wüstehube expliziert werden.

5. Sonstiges

Durch die starke Strukturierung des KPA-Prozesses sei das Verfahren relativ schnell zu erlernen und ließe sich deshalb auch in der kollegialen Beratung verwenden.[76]

---

73 Vgl. etwa Rosenberg 2016.
74 Vgl. Wüstehube 2004, S. 20–22.
75 Vgl. ebd., S. 20.
76 Vgl. ebd., S. 18.

III. „One-Party-Mediation" nach von Hertel

Von Hertel beschreibt in einer Monografie[77] verschiedene Mediationsverfahren und -elemente für die Anwendung durch Führungskräfte. Nach Vorveröffentlichungen, in denen One-Party-Mediation zum Teil noch als „originäre Konfliktbearbeitung"[78] bezeichnet wurde, stellt diese Quelle offenbar den aktuellen und detailliert dokumentierten Stand des Modells dar. Sie wird deshalb überwiegend für die Analyse herangezogen, wobei die der Führungskraft zugedachte Rolle hier allgemein auf den Mediator, die des Mitarbeiters auf den Klienten bezogen wird.

1. Grundannahme

One-Party-Mediation nach von Hertel wird als eine von sechs Ebenen des von ihr „MIKADO"[79] genannten Modells beschrieben, mit dem sich für **jeden mediativ** lösbaren Konflikt das **passende Verfahren** finden ließe.[80] Dabei stehen die anderen Buchstaben dieses Akronyms für die Anfangsbuchstaben von **M**ediation klassisch, **I**nnersystemische Mediation, **K**ombinationsmodell mediativen Verhandelns, **a**nwaltlich-mediatives Verhandeln und **d**ialogisch mediatives Verhandeln.[81]

2. Ausgangssituation/Voraussetzungen

Ein Konfliktpartner bearbeite einen „**intra**personalen und/oder **inter**personalen Konflikt", ein weiterer Konfliktpartner sei gegebenenfalls imaginär dabei.[82]

---

77 Vgl. Hertel 2013.
78 Hertel 2000, S. 39; Hertel 2001, S. 53.
79 MIKADO ist eine eingetragene Wortmarke, vgl. Deutsches Patent- und Markenamt, https://register.dpma.de/DPMAregister/marke/register/301477574/DE, zuletzt abgerufen am 24.7.2020, Hervorhebung durch den Verfasser.
80 Vgl. Hertel 2013, S. 22.
81 Vgl. ebd., S. 253.
82 Vgl. ebd., S. 261.

3. Ziele/Ergebnisse

Nach einer One-Party-Mediation könne sich ein Mediand **flexibler** verhalten als bisher. Das würde auch dessen Konfliktpartner nicht unbeeinflusst lassen. Die dadurch entstehende Bewegung hole die Beteiligten aus alten Schleifen heraus. Manchmal entstehe dadurch der Wunsch nach einem gemeinsamen Lösungsgespräch[83] oder es würden Ideen für erfolgreiche Veränderungen, Verhaltensweisen und Vertragsgestaltungen entwickelt, die dann im Dialog mit anderen Konfliktpartnern weiterentwickelt werden könnten.[84]

Werde die One-Party-Mediation zur **Vorbereitung** von Mediationsverfahren und mediativen Verhandlungen mit Konfliktpartnern eingesetzt, erfolge eine Klärung eigener und fremder Ziele sowie von guten und schlechten Alternativen oder möglichen Synergien.[85]

Häufig **genüge bereits** eine „One-Party-Mediation, um Ideen für erfolgreiche Veränderungen, Verhaltensweisen und Vertragsgestaltungen zu entwickeln, die dann im Dialog mit anderen Konfliktpartnern weiterentwickelt werden können"[86].

4. Prozess/Methode

Die One-Party-Mediation würde wie alle sechs Ebenen des MIKADO-Modells im Kern nach einer fünfphasigen, **ALPHA** genannten Struktur durchgeführt[87]. Dieses Akronym fasst die Phasen

- „Auftragsklärung – so beginnen Sie",
- „Liste der Themen besprechen – so gelingt gegenseitiges Zuhören",
- „Positionen auf dahinterliegende Interessen untersuchen – so finden Sie heraus, worum es wirklich geht",

---

83 Vgl. Hertel 2013, S. 258.
84 Vgl. ebd., S. 261.
85 Vgl. ebd., S. 259.
86 Ebd., S. 261.
87 Vgl. ebd., S. 42.

- „Heureka – so entwickeln Sie neue Ideen",
- „Abschlussvereinbarung – so entsteht die Lösung"[88]

begrifflich zusammen und orientiert sich damit an der Struktur mediationsüblicher Phasenmodelle. Dabei würden die Instrumente der Mediationskompetenz genutzt und böten die Chance, Synergien zu schaffen, Win-win-Situationen zu erzielen und aus „Nullsummenspiel, Sündenbocksuche und Destruktion" herauszuführen.[89]

Neben dem Mediator oder Mediationsteam befände sich in der One-Party-Mediation nur eine Person, der die **volle Aufmerksamkeit** gewidmet sei. Dies sei ein qualitativer Unterschied im Vergleich zur Anwesenheit mehrerer Parteien. Denn in einer solchen Situation würde ja der Mediator nicht nur den Sprecher, sondern ganz besonders auch den oder die Zuhörer anschauen.[90]

Die Begleitung durch den Mediator erfolge „meist unter völligem Verzicht auf **inhaltliche Vorschläge**".[91] Dabei scheint den Positionen des Klienten und seiner Geschichte Raum gegeben zu werden, denn es sei als schwierig anzusehen, Interessen ohne Positionen zu entwickeln[92]. Je besser der Klient den nicht anwesenden Konfliktpartner einschätzen könne, desto besser könne dann auch das Ergebnis der One-Party-Mediation sein.[93]

Die ALPHA-**Struktur** bilde dabei einen festen Rahmen[94]. Eine spezifische Adaption dieses Modells für die One-Party-Mediation wird darüber hinaus nicht beschrieben.

Im **intrapersonalen** Konflikt erfolge eine Visualisierung mittels Aufstellung mit Hilfe „kleiner Alltagsgegenstände", mit denen der

---

88 Hertel 2013, S. 313, Hervorhebungen durch den Verfasser; für eine detailliertere Darstellung vgl. auch ebd., S. 42–48.
89 Vgl. ebd., S. 260.
90 Vgl. ebd., S. 137.
91 Hertel 2002, S. 36.
92 Vgl. ebd., S. 35.
93 Vgl. Hertel 2013, S. 258.
94 Vgl. Hertel 2002, S. 36.

Klient sich selbst, den Konfliktpartner und das gesamte Konfliktsystem aufstellen könne.[95]

5. Sonstiges

Nach One-Party-Mediationen bliebe der Mediator allparteilich und könne zu anderen Verfahren wie der Shuttle-Mediation oder der klassischen Mediation übergehen.[96]

IV. Vergleichende Gegenüberstellung und Einordnung

Die drei vorgestellten Ansätze gehen von ähnlichen Zielen und Ergebnissen einer Einparteien-Mediation aus und basieren alle auf mediationstypischen Phasenmodellen. Im Detail setzen sie jedoch unterschiedliche Akzente. In der folgenden Gegenüberstellung werden diese Gemeinsamkeiten und Unterschiede herausgearbeitet (vgl. auch Tab. 2).

Zunächst basieren die Ansätze jeweils auf unterschiedlichen **Grundannahmen**. Murbach entwickelt seine Lösung explizit für Menschen, die eine Mediation durchführen möchten, deren Konfliktpartner dazu jedoch nicht bereit ist. Sein Ansatz bezieht sich auf spezifische Herausforderungen, die dabei bestehen, und macht einige konkrete Verfahrensvorschläge. Wüstehube interessiert es, den Perspektivwechsel zu stärken und zu systematisieren, den sie als Kern jeder Mediation erlebt. Ihre Anwendung auf Einparteien-Mediation ist dann eher ein Nebenprodukt der ansonsten stark auf Gruppenmediation ausgerichteten Vorgehensweise. Von Hertel schließlich stellt One-Party-Mediation als eine von sechs Möglichkeiten dar, auf mediative Weise Konflikte zu bearbeiten. Ihr „ALPHA-Modell" beinhaltet fünf typische Mediationsphasen und gibt eher einen Rahmen vor, den Einparteien-Mediation ausformen kann.

95   Vgl. Hertel 2013, S. 157–160.
96   Vgl. Hertel 2002, S. 36.

Murbach sieht seine Einpartei-Mediation als absolute Ausnahme und formuliert mit dem Erfordernis einer schriftlichen Absage der nichtbeteiligten Partei eine hohe Hürde, damit überhaupt beginnen zu können. Wüstehube hingegen erlebt Mediationsanfragen einer Partei sogar häufiger als Zweiparteienanfragen und benennt wie von Hertel keine **Voraussetzungen**, um diese durchführen zu können.

Grundsätzlich gehen alle drei davon aus, dass die Einparteien-Mediation positive **Ergebnisse** erzielen kann, und zwar sowohl für den Konfliktgeber als auch mittelbar für das Konfliktumfeld und damit für den Konflikt selbst. Es bestehe dadurch häufig die Option, im Anschluss eine gemeinsame Konfliktbearbeitung voranzubringen, gegebenenfalls unter Durchführung einer gemeinsamen Mediation.

Analog zur Mediation, orientieren sich alle drei an mediationstypischen **Phasenmodellen**, die sie auf unterschiedliche Weise und in unterschiedlichem Umfang detaillieren, modifizieren und ergänzen.

Murbach **strukturiert** das Verfahren in den entscheidenden Phasen bis ins Prozessdetail stark durch, während von Hertel eher einen Rahmen vorgibt. Die Konflikt-Perspektiv-Analyse hingegen macht konkrete Vorgaben zur Umsetzung der modifizierten Interessenphase, belässt es aber ansonsten beim Verweis auf mediationstypische Phasen.

Der **einparteienmediationsspezifische** Zuschnitt der Konflikt-Perspektiv-Analyse ist als Adaption auf Basis der für Gruppenmediation detailliert publizierten und ansonsten proprietären KPA-Methodik zu verstehen. Er weist insofern eine mittlere Spezifität auf. Im Gegensatz dazu geht Murbach von einem hoch spezifischen Gesamtansatz aus, während von Hertel ihren Ansatz nur sehr begrenzt auf die Einparteien-Situation zuschneidet.

Den **Klienten** mit seiner eigenen **Sichtweise** auf den Konflikt zu Wort kommen zu lassen, wird von Wüstehube und von Hertel inkludiert bzw. als wichtig angesehen, während Murbach dies vor Nennung der Themen ausdrücklich nicht zulassen will.

Nach von Hertel sollte der Mediator meist völlig auf **inhaltliche Beiträge** verzichten. Wüstehube betont, dass die Fallgeber Eigentum

Vergleichende Gegenüberstellung und Einordnung

ihres Konflikts bleiben und über Optionen und Umsetzung entscheiden, während Murbach vorsieht, dass der Mediator Themen, Interessen und Optionen für die nicht anwesende Partei benennen kann, diese aber im Fall von Themen und Interessen vom Konfliktgeber abgelehnt werden können. Die von ihm eingeführte „Verbindungsphase" sieht mit der Schulung des Klienten in mediativem Denken und Handeln eine klare inhaltliche Führung durch den Mediator vor.

Tab. 2: Gegenüberstellung publizierter Ansätze

Urheber	Murbach	Wüstehube	Von Hertel
Bezeichnung des Verfahrensansatzes	Einpartei-Mediation	Konflikt-Perspektiv-Analyse (KPA)	One-Party-Mediation
Grundannahme	Konkretes Unterstützungsangebot schaffen	Perspektivwechsel als Verfahrenskern stärken	Eines von 6 mediativen Konfliktlösungsangeboten beschreiben
Ausgangssituation/ Voraussetzungen	Verfahren nur als absolute Ausnahme beim Nichtzustandekommen einer Mediation Schriftliche Absage der Mediation durch abwesende Konfliktpartei als Voraussetzung	Mediationsanaloges Element, wenn nur eine der Parteien zur Bearbeitung bereit ist Interesse nur einer Partei „wesentlich häufiger" als Mediationsfälle, bei denen alle Parteien sofort zur Mediation bereit sind	Zur Bearbeitung von Konflikten mit einer Partei auch zur Vorbereitung auf Mediationen/ Verhandlungen einsetzbar
Ziele/Ergebnisse	Mögliche Verbesserungen für anwesende Partei, abwesende Partei und Konfliktlösungsprozess		

Einparteien-Mediation in der Literatur

	Urheber	Murbach	Wüstehube	Von Hertel
	Prozessbasis		Mediationsanaloges Phasenmodell	
Prozess	Strukturierungsgrad	Detaillierte Struktur mit inhaltlichen Vorgaben zur Bearbeitung	Bzg. der Kernelemente des Perspektivwechsels bis ins Detail klar strukturiert, sonst eher Rahmen	Eher Prozessrahmen als detaillierte Vorgaben
	Spezifischer Zuschnitt auf die Einparteien-Situation	Groß	In Analogie zur Gruppenmediation ableitbar	Gering
	Arbeit mit der eigenen Sichtweise des Medianden	Die Darstellung des Konflikts ist als Einstieg in die Themenphase nicht zuzulassen.	Eigene Sichtweisen werden vor Einstieg in ie Interessenphase dargestellt.	Es wird als schwierig angesehen, Interessen ohne Positionen zu entwickeln.
	Inhaltliche Beiträge des Mediators	In Standardmediationsphasen klar begrenzt möglich, die inhaltliche Verantwortung bleibt aber auf der Mediandenseite. In zusätzlicher „Verbindungsphase" sind spezifische Unterweisungen der Kern.	Anscheinend gering: Fallgeber bleiben Eigentümer ihres Konflikts, d. h., sie selbst entscheiden über Optionen und Umsetzung.	Mediator verzichtet meist völlig auf inhaltliche Vorschläge.
	Benannte Erfolgskriterien	Ehrlichkeit, Offenheit des Medianden	Keine Angabe	Mediand sollte Konfliktpartner gut einschätzen können.
Folgemediation		Eine mögliche Folgemediation darf nicht mit gleichem Mediator weitergeführt werden.	Keine Angabe	Eine mögliche Folgemediation darf mit gleichem Mediator weitergeführt werden, da Mediator allparteilich sei.

Quelle: Eigene Darstellung auf Basis von Murbach 2006; Wüstehube 2004; Hertel 2002; Hertel 2013 und den Auswertungen hierzu in diesem Kapitel.

Auf die Schwierigkeit, die Einparteien-Mediation **trotz abwesender Partei** durchzuführen, weisen alle drei Autoren hin. Murbach benennt Offenheit und Ehrlichkeit des Medianden als Voraussetzung für den

Erfolg der hypothetischen Arbeit, die es durch den Mediator mehrfach zu betonen gelte, während für von Hertel wichtig ist, dass der Mediand den Konfliktpartner gut einschätzen kann.

Führt die Einparteien-Mediation in der Folge zu einer Mediation mit beiden Konfliktparteien, sind sich Murbach und von Hertel – vor Inkrafttreten des deutschen Mediationsgesetzes 2012 – uneins, ob **derselbe Mediator** diese **Folgemediation** übernehmen kann. Murbach schließt dies kategorisch aus, während von Hertel den ursprünglichen Mediator wegen seiner Allparteilichkeit auch hierfür für geeignet hält.

Mit Ausnahme von Glasl, der sich kritisch mit einigen Annahmen und Vorschlägen Murbachs auseinandersetzt,[97] scheint Einparteien-Mediation über die vorgestellten Ansätze hinaus in der Literatur nur wenig Beachtung zu finden.

---

97 Vgl. Glasl 2006.

E. Einparteien-Mediation für interpersonelle Konflikte

In diesem Kapitel wird Einparteien-Mediation für ihren Hauptanwendungsbereich der **inter**personellen Konfliktbearbeitung systematisch entwickelt. Deren Ausgestaltung basiert dabei einerseits auf den konkreten Erkenntnissen aus der hierzu untersuchten Praxis und Literatur (Kapitel C und D). Andererseits soll diese systematisch begründet werden können. Wie die verschiedenen Perspektiven zusammengeführt werden und wie deren Ergebnis strukturiert wird, wird in Abschnitt I dargestellt. Die Abschnitte II bis V nehmen dann detailliert unterschiedliche Gestaltungsperspektiven ein, die in Abschnitt VI zu einer konsolidierten Gesamtdarstellung verdichtet werden. Abschnitt VII beschäftigt sich mit der Namensgebung des Verfahrens und Abschnitt VIII begründet, warum die so beschriebene Einparteien-Mediation als eigenständiges und relevantes Verfahren angesehen werden kann.

I. Gestaltungsgrundlagen

Die zu gestaltenden Elemente (1) und die einzunehmenden Gestaltungsperspektiven (2) bilden die Grundlage der Gestaltungssystematik. Welche inhaltlichen Schwerpunkte hierzu aus Praxis und Literatur beitragen und welcher Ergänzungsbedarf sich daraus ergibt, wird unter (3) dargestellt.

1. Gestaltungselemente

Einparteien-Mediation ist wie die meisten personenzentrierten Unterstützungsleistungen aus Sicht des Dienstleistungsmanagements durch ihre weitgehende **Immaterialität**, durch die Notwendigkeit und Beteiligung eines „**externen Faktors**" sowie durch die zumindest teilweise Gleichzeitigkeit von Leistungserstellung und Leistungskonsumierung, das sogenannte „**Uno actu**"-**Prinzip**, geprägt.[98]

Ihre **Ergebnisse** stellen sich während des Verfahrens ein oder sind bei dessen Ende unmittelbar verfügbar. Die darüber hinaus auch nach ihrem Ende beim Klienten und in dessen Konfliktumfeld auftretenden Veränderungen werden als **Folgeergebnisse**[99] bezeichnet. Der externe Faktor ist hier der **Klient,** die einzelne Partei, die an diesem Verfahren teilnimmt. Auf dessen Ausgangssituation, Erwartungen sowie die Art und Intensität seiner Mitwirkung hat der Anbieter nur begrenzt Einfluss, sie prägen aber das Ergebnis und Folgeergebnis des Verfahrens entscheidend mit. Die Folgeergebnisse, die sich auch auf das Verhältnis von **Klient** und **Konfliktumfeld** beziehen, werden darüber hinaus auch von dem Anbieter nicht zugänglichen Konfliktpartner und Konfliktumfeld des Klienten abhängen. Der **Ablauf** des Verfahrens beinhaltet die übergeordneten Phasen Auftragsklärung, Leistungserbringung und Nachverfolgung.[100] „Uno actu" bedeutet hier, dass Klient und Einparteien-Mediator diesen weitestgehend gemeinsam erleben. Deshalb werden Wechselwirkungen und gegenseitige Abhängigkeiten besonderes sorgfältig zu erfassen sein. Da der Klient die Leistungsbeziehung eingeht, ohne die Sicherheit, dass das erhoffte Ergebnis auch eintritt, kommt den Möglichkeiten und Fähigkeiten des Einparteien-Mediators eine wichtige Bedeutung zu. Diese werden als **Potential** bezeichnet und umfassen berufliche Qualifikationen des Dienstleisters, seine Kenntnisse, Erfahrungen und Kompetenzen, seine Hal-

---

98 Vgl. etwa Haller 2015, S. 8–10.
99 Vgl. hierzu auch ebd., S. 13.
100 Corsten/Gössinger 2007 verwenden für den allgemeinen Fall synonym die Begriffe Vorkontaktphase, Kontaktphase und Nachkontaktphase.

tung, seine Persönlichkeit sowie die materielle Ausgestaltung und Ausstattung der Umgebung, in der er die Dienstleistung erbringt.[101]

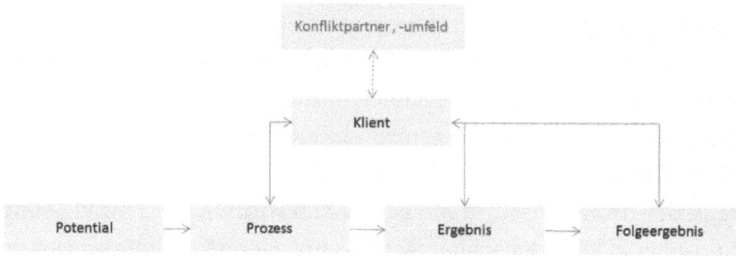

Abb. 6: Einparteien-Mediation als Dienstleistung

Quelle: Eigene Darstellung in Anlehnung an Dyckhoff u. a. 2007, S. 8.

Einzubeziehende **Gestaltungselemente** sind also der Klient und dessen Konfliktumfeld, das Potential des Mediators, der Ablauf des Verfahrens sowie die möglichen Ergebnisse und Folgeergebnisse. Wie in Abb. 6 dargestellt, ermöglicht das Potential des Einparteien-Mediators einen Ablauf, der im Zusammenwirken mit dem Klienten zu einem Ergebnis und danach zu einem Folgeergebnis führt.

2. Systematische Gestaltungsperspektiven

Das Verfahren der Mediation ist konstitutiv für die Einparteien-Mediation. Kern deren Gestaltung wird es also sein, eine Analogie zur Mediation herzustellen, deren **Prinzipien, Ziele und Phasen** (vgl. Abschnitt B.I) hier die zentralen Anknüpfungspunkte bieten. Diese Vorgehensweise soll als **mediationsanaloge Gestaltungsperspektive** bezeichnet werden. Sie folgt dabei dem Grundsatz „So viel **übernehmen** wie möglich und nur so viel **modifizieren** wie nötig".

Grundsätzlich soll also alles, was sich von der Mediation auf die Einparteien-Mediation übertragen lässt, auch übertragen werden. Aller-

---

101 Vgl. etwa Haller 2015, S. 11.

dings basiert ein erheblicher Teil der Erfolgsmöglichkeiten der **Mediation** darauf, dass alle Konfliktparteien am Prozess beteiligt sind. Mit Unterstützung des Mediators werden diese sich häufig weiter öffnen als im bisherigen Konflikt, es werden tieferliegende Interessen offenbart, die die Parteien so vielleicht noch nie voneinander vermutet haben. Sie erhalten die Gelegenheit dazu, sich in die Perspektive der anderen zu versetzen. Die gemeinsame Optionssuche mit Kreativitätstechniken schafft einen Raum gemeinsamen Erlebens und Arbeitens, der ein erster Schritt hin zu einer konstruktiven Konfliktlösung und einer möglichst nachhaltigen Lösung oder Befriedung sein kann.

In Abwesenheit einer Partei wird es nun bei der **Einparteien-Mediation** darauf ankommen, diese Effekte so gut wie möglich nachzuempfinden oder nachzustellen. Dabei wird etwa überlegt werden, wie die abwesende Partei „simuliert werden" oder wie ein Perspektivwechsel zu ihr methodisch unterstützt werden kann.

Andererseits ergeben sich gerade durch deren Abwesenheit Möglichkeiten der Konfliktbearbeitung, die sonst nicht bestehen würden. So könnte sich die anwesende Partei mehr öffnen oder sie könnte gezielter individuell unterstützt werden. Die Einbeziehung solcher Anteile erfolgt dann aus einer **mediationserweiternden Gestaltungsperspektive**. Bei ihr wird allerdings abzuwägen sein, ob und gegebenenfalls inwieweit deren Einbeziehung im Einklang mit den entwickelten Prinzipien und Zielen der Einparteien-Mediation möglich ist.

Tab. 3: Zusammenhang zwischen Gestaltungselementen und -perspektiven

Abschnitt	Gestaltungs-perspektive		Gestaltungselement				
			Klient	Potential	Ablauf	Ergebnis	Folgeergebnis
II	Mediations-analog	Prinzipien					
III		Ziele					
IV		Phasen					
V	Mediations-erweiternd						

Grau hinterlegte Felder kennzeichnen Schwerpunktzusammenhänge. Quelle: Eigene Darstellung.

Wie in Tab. 3 dargestellt, wird sich die mediationsanaloge Perspektive bezüglich der Prinzipien auf alle vorgestellten Gestaltungselemente auswirken. Ziele werden überwiegend die möglichen Ergebnisse bzw. Folgeergebnisse und Phasen werden überwiegend die **Gestaltungselemente** Potential und Ablauf betreffen. Die mediationserweiternde Perspektive betrifft zunächst die Erwartungen des Klienten sowie Ergebnisse und gegebenenfalls Folgeergebnisse, da sie grundsätzlich deren Spektrum vergrößern kann. In ihrer Umsetzung ist dann zu klären, inwieweit Potential und Ablauf hierfür ebenfalls zu erweitern sind.

3. Einbeziehung von Praxis und Literatur

Die typische Ausgangssituation für das von **Praktikern** beschriebene Verfahren der Einparteien-Mediation ist ein bestehender interpersoneller Konflikt mit einem anwesenden Klienten, wobei der Grund für die Abwesenheit der anderen Partei hälftig bei der an- und abwesenden Partei verortet wird. Die Praktiker selbst entstammen dabei einem breiten Spektrum an Grundberufen und sind alle auch als Mediator tätig, 65 Prozent auch als Coach. Die von ihnen bearbeiteten Konfliktfälle stammen aus unterschiedlichen Gebieten mit einem Schwerpunkt auf Wirtschaft und Organisationen (Potential). Im Ergebnis und Folgeergebnis werden positive Wirkungen für den Klienten selbst, aber auch mittelbar für den Konfliktpartner und die weitere Konfliktbehandlung beschrieben. Bei der Beschreibung des Verfahrens werden als Schwerpunkte eine positive ansprechende Gesprächsatmosphäre sowie die inhaltlichen Hauptbestandteile Klientensicht, Perspektivwechsel und Zukunftsgestaltung benannt. Der konkrete Ablauf wird fast immer nur angedeutet.

Die drei untersuchten **Publikationen** beschreiben eine insgesamt ähnliche Ausgangssituation des Klienten sowie ähnliche Ergebnisse und Folgeergebnisse wie die untersuchten Praktiker. Bei der Beschreibung des Verfahrens steht meist die Darstellung des Ablaufs in den Hauptphasen im Vordergrund, wobei diese sich in Schwerpunktsetzung, Detaillierungsgrad und Detailgestaltung zum Teil deutlich unterscheidet. Wo Angaben zum Potential, also etwa der Haltung des Einparteien-Mediators, erkennbar werden, zeigen sich teilweise unterschiedliche Schwerpunkte.

Die Gestaltung der Einparteien-Mediation in den Abschnitten II bis IV erfolgt nun durch systematische Gründung aus mediationsanaloger (übernehmend und modifizierend) sowie in Abschnitt V aus mediationserweiternder Perspektive. Verfahrensvorschläge aus **Praxis und Publikationen** werden dabei konsolidiert **berücksichtigt** und um

- die Klärung und Abgrenzung geeigneter Ausgangssituationen für die Durchführung,
- die nähere Betrachtung der Haltung und der Qualifikation des Einparteien-Mediators,
- die Analyse der Gestaltung der Arbeitsumgebung,
- die differenzierte Untersuchung des Ablaufs bezüglich unterschiedlicher Rollen des Einparteien-Mediators sowie
- die Klärung von Optionen der Nachverfolgung **ergänzt**.

Im Rahmen der **konsolidierenden Darstellung** nach Gestaltungselementen in Abschnitt VI werden **Gestaltungsfreiräume** benannt und klassifiziert. Eine Abgrenzung der entwickelten Verfahrensbeschreibung gegenüber anderen Verfahren zur Konfliktbearbeitung erfolgt in Abschnitt VIII.

II. Prinzipien

Grundsätzlich sollen wenn möglich alle Prinzipien der Mediation (vgl. Abschnitt B.I) auch für die Einparteien-Mediation gelten, da hierin im Kern die **Legitimation des Verfahrens** gesehen werden kann. Was diese im Einzelnen bedeuten, welche Besonderheiten sich für die Einparteien-Mediation ergeben und wie sich diese auf deren Gestaltungselemente auswirken, wird im Folgenden geklärt.

Die **Selbstverantwortung** der Medianden bedeutet, dass sie selbst und nicht ein Dritter eine Lösung ihres Konflikts herbeiführen. Für die Frage, inwieweit der Mediator dennoch inhaltlich unterstützen soll oder darf, etwa indem er aktiv Lösungsvorschläge einbringt, ist kein Konsens unter Mediatoren erkennbar.

Für die Einparteien-Mediation lässt sich dieses Prinzip Selbstverantwortung übernehmen, einschließlich der Ambivalenz, wie „**evaluativ**"[102] der Mediator trotzdem vorgehen darf. Dabei können sich seine vorsichtig etwa als Fragen oder Hypothesen formulierten inhaltlichen Beiträge gerade hier als hilfreich erweisen, um die Perspektiven der abwesenden Partei zu ergründen, insbesondere wenn dies der anwesenden Partei schwerfällt.

Die **Freiwilligkeit** der Teilnahme ist als besonders hervorgehobene Ausprägung der Selbstverantwortung eine tragende Säule der Mediation. Sie kann uneingeschränkt auch in der Einparteien-Mediation gefordert werden. Auch wenn hier geringere Zweifel als in der

---

102 Riskin 2003, S. 11, Hervorhebung durch den Verfasser.

Mediation angebracht sein mögen, sollte deren Vorliegen während der Auftragsklärung geprüft werden, insbesondere in Fällen, bei denen im beruflichen Umfeld der Arbeitgeber des Klienten Auftraggeber ist.

Die **Unabhängigkeit** des Mediators bezieht sich besonders auf die Abwesenheit objektiver Umstände, „die seine Abhängigkeit begründen können". Dieser solle „frei von Bindungen gegenüber einer Partei oder dem Verhandlungsgegenstand und -ergebnis"[103] sein. Für die Einparteien-Mediation wird dieses Prinzip in Bezug auf alle Parteien, also auch auf die **ab**wesende Partei, zu übernehmen sein. Um seine Unabhängigkeit prüfen zu können, müssen dem Mediator deshalb bereits bei der Auftragsklärung die Namen der Konfliktbeteiligten und der Konfliktgegenstand bekannt sein.

Neutralität oder Allparteilichkeit des Mediators: Im Vergleich zur Unabhängigkeit ergebe sich die **Neutralität** des Mediators „aus einer im Subjektiven gründenden Verhaltensweise". Verlangt werde eine unparteiische Grundeinstellung und „beidseitige Zuwendung", die auch als **Allparteilichkeit** bezeichnet werde. Diese sei beeinträchtigt, wenn für eine Partei besondere Sympathie oder Antipathie empfunden werde, die eine unparteiische Verhandlungsführung verhindere.[104]

In der Übertragung dieser Forderung auf die Einparteien-Mediation besteht ein Kernmerkmal dieses Verfahrens individueller Unterstützung in der Konfliktbearbeitung. Sie bedeutet die **beidseitige Zuwendung** auch gegenüber der abwesenden Partei und begründet eine Haltung des Einparteien-Mediators, die seinen Klienten auf dessen bewussten Wunsch hin allparteilich im Sinne einer nachhaltigen Konfliktbearbeitung unterstützt, die die Interessen beider Parteien berücksichtigt.[105] Eine Gefahr für die Allparteilichkeit ergibt sich hierbei wohl weniger durch Sympathie oder Antipathie gegenüber der abwesenden Partei. Denkbar ist eher, dass sich der Mediator durch

---

103 Greger 2016, § 3 Rn. 9, 12.
104 Vgl. ebd., § 3 Rn. 37f.
105 Bubert nannte dieses Prinzip in seinem eintägigen Fortbildungsseminar zur „One-Party-Mediation" am 29.2.2020 „Nie gegen den anderen agieren".

die Verbundenheit zu seinem Klienten und die starke Exposition ihm gegenüber zu sehr auf dessen „Seite schlagen" könnte.

Dies hat Konsequenzen für die **Auftragsklärung**, in der dies bewusst zu machen ist, und setzt auch die Zielsetzung des Klienten voraus, sich nicht gegen den anderen beraten lassen zu wollen, etwa um sich hiermit einen einseitigen Vorteil zu verschaffen. Der Mediator sollte eine Haltung entwickeln, die es ihm auch während des Prozesses erlaubt, mögliche Gefährdungen dieser Allparteilichkeit frühzeitig zu erkennen und entsprechend gegenzusteuern. Im Ablauf des Verfahrens werden geeignete Interventionen einzusetzen sein, die der Perspektive der abwesenden Partei angemessene Geltung verschaffen.

Die **Vertraulichkeit** der Mediation manifestiert sich zunächst als Verschwiegenheitspflicht des Mediators, die ebenfalls Teil seines professionellen Selbstverständnisses in der Einparteien-Mediation sein muss. Diese bezieht sich dann nicht nur auf die Weitergabe von Informationen an Dritte, sondern auch auf deren Weitergabe an die abwesende Partei, etwa analog zu der Durchführung von Einzelgesprächen in der Mediation. Die für die Mediation relevante Problematik, inwieweit die Parteien „privatvertraglich" Vertraulichkeit vereinbaren wollen,[106] erübrigt sich für die Einparteien-Mediation.

Strukturierende Verfahrensvorschriften nach § 2 und § 3 MediationsG wie die Pflicht des Mediators, sich der Freiwilligkeit der Teilnehmer zu vergewissern, die Erfüllung von Offenbarungs- und Informationspflichten und die Einbeziehung Dritter nur mit Zustimmung aller Parteien gelten für die Einparteien-Mediation zwar nicht, sollten aber sinngemäß ebenfalls Anwendung finden und bei der Auftragsklärung berücksichtigt werden. Wie sich das Prinzip der Strukturiertheit auf den weiteren Ablauf des Verfahrens auswirkt, wird unter Abschnitt IV diskutiert.

---

106 Vgl. Horstmeier 2013, S. 38.

III. Ziele

Definitionsgemäß wird in einer Mediation ein Konflikt zwischen Parteien mit dem Ziel einer einvernehmlichen Beilegung bearbeitet. Analog soll auch in der Einparteien-Mediation einerseits die Ausgangssituation das Bestehen eines **konkreten Konflikts** sein. Andererseits wird wegen des Fehlens einer Partei hier die **Bearbeitung** und nicht die Beilegung oder Lösung dieses Konflikts das übergeordnete Ziel sein müssen. Damit ist auch eine **kontraktuelle** Zielsetzung im Sinne einer wie in der Mediation erzielbaren Vereinbarung nicht realistisch. Wie in der Mediation ist aber auch in der Einparteien-Mediation im Sinne der **kognitiv-emotionalen** Zielsetzung der „Weg das Ziel", auf dem der Ablauf des Verfahrens ermöglicht, ein besseres Verständnis für die rationalen und emotionalen Hintergründe des eigenen Verhaltens und des Verhaltens der abwesenden Konfliktpartei zu erlangen. Ihr **Ergebnis** liegt dann im tieferen Verständnis, dass der Klient am Ende des Verfahrens für sich selbst und für die andere Partei über die Themen des Konflikts, die jeweiligen tieferliegenden Interessen, mögliche Lösungsoptionen und gegebenenfalls nächste Schritte entwickelt hat. Dies gilt insbesondere, wenn es ihm gut gelungen ist, nicht nur sich selbst besser zu verstehen, sondern sich auch „in die Schuhe des anderen" in diesem Sinne hineinzuversetzen.

Die **interpersonelle Zielsetzung** einer Mediation ist auf die Zukunft gerichtet und beinhaltet, dass die erfolgte Klärung des Konflikts zu einer nachhaltigen Lösung oder zumindest akzeptablen Besserung führt und dass sich die Parteien an eine von Ihnen getroffene Vereinbarung halten. Bei der Einparteien-Mediation bezieht sich diese ebenfalls auf den künftig besseren Umgang der Konfliktpartner miteinander. Als **Folgeergebnis** kann in ihrem Sinne erwartet werden, dass die vom Klienten aus dem Verfahren mitgenommenen Erfahrungen und Erkenntnisse in ihm selbst nachwirken und eine Änderung seiner Sichtweisen und seines Verhaltens bewirken. Dies kann ihm selbst Erleichterung im Umgang mit dem Konflikt verschaffen, aber auch mittelbar zu Veränderungen in Sichtweise und Verhalten der nicht teilnehmenden Partei führen. So kann eine Veränderung im Konfliktverhalten des Klienten durch andere wahrgenommen werden und damit Änderungen im Konfliktsystem bewirken, die ihrerseits eine Veränderung über die Bereitschaft zur gemeinsamen Konfliktlösung bis hin zu einer Befriedung oder gar bereits zur Lösung des Konflikts bewirken können.

IV. Phasen der Einparteien-Mediation

Die in Abschnitt B.I eingeführten Phasen der Mediation (Eröffnung, Themen, Interessen, Optionen, Vereinbarung) bilden deren **inhaltlichen Kern**,[107] dem in der Regel eine **Auftragsklärung** vorangeht und an die sich gegebenenfalls eine **Nachverfolgung** anschließt. Bevor in Unterabschnitt 2 im Einzelnen diskutiert werden kann, wie die einzelnen Phasen gestaltet werden, sollen zunächst einige grundlegende Überlegungen zur Übertragung der Mediationsphasen auf die Einparteien-Situation angestellt werden.

1. Vorüberlegungen

Erfahrene Mediatoren betonen die Bedeutung von vier verschiedenen **Wahrnehmungspositionen**, durch die der Mediator seine Medianden führen solle und mit denen diese nachhaltige Lösungen entwickeln könnten.[108] Diese seien:

---

107 Die alternativ als Basis denkbare transformative Mediation wird für die Adaption auf die Einparteien-Mediation verworfen: Im hier relevanten deutschsprachigen Raum ist dieser Ansatz weniger verbreitet. Dessen Strukturierung entsteht durch die hier nicht mögliche unterstützte Interaktion der anwesenden Parteien. Eine mögliche Adaption als transformativer Dialog für Einzelpersonen wird angeregt, aber nicht dokumentiert (vgl. Cleven u. a. 2018, S. 58).
108 Vgl. Schweizer 2009, S. 353.

- 1. Position: Ich-Position, mit eigenen Augen
- 2. Position: Du-Position, aus dem Blickwinkel des anderen
- 3. Position: aus Sicht eines Außenstehenden
- 4. Position: aus einer übergeordneten Haltung[109]

In der Einparteien-Mediation wird der Klient die eigene zweite Position leichter einnehmen können, wenn er die erste Position des anderen nicht nur gedanklich, sondern auch physisch erleben kann. Dazu wird eine **„Mediationssetting"** genannte Raum- und Möbelanordnung vorgeschlagen, in der die Beteiligten wie bei einer echten Mediation an einem Tisch sitzen, an dem zunächst ein Stuhl für die abwesende Partei freigehalten wird. Der Klient wird dann je nach Fortschritt im Ablauf des Verfahrens gebeten, auf seinem Stuhl oder auf dem Stuhl der abwesenden Partei Platz zu nehmen. Er wird auf jedem Stuhl auch jeweils mit Namen der entsprechenden Partei angesprochen. Auf diese Weise sollen Atmosphäre und Möglichkeiten der Mediation möglichst gut übertragen werden. Der Mediator agiert hier im Wesentlichen in einer klassischen Mediatorenrolle. Schwieriger wird es jedoch werden, wenn der Klient darüber hinaus versuchen soll, auch in der Rolle des anderen dessen dritte und vierte Position einzunehmen, also etwa zu versuchen, als anderer die Sicht eines Außenstehenden oder eine übergeordnete Haltung einzunehmen.

Hier stößt das Mediationssetting, auch mit der Bedeutung der damit verbundenen Sitzpositionen, an seine Grenzen. Deshalb ist ein weiterer Gesprächsaufbau erforderlich, der eine Reflexion des im Mediationssetting Erlebten erlaubt und eine Bearbeitung aus einer übergeordneten und flexibleren Perspektive ermöglicht. Dieser Gesprächsaufbau ähnelt dem Einzelgespräch in einer echten Mediation und bedeutet, dass der im Mediationssetting bisher virtuell Anwesende jetzt nicht dabei ist. Dieser weitere Gesprächsaufbau wird hier **„Reflexionssetting"** genannt. Wichtig ist, dass auch bei diesem die Allparteilich-

---

109 Vgl. Seebach 2014, S. 154.

keit gewahrt bleibt. Ein solches Reflexionssetting sollte spätestens, wenn alle Positionen, Themen und Interessen nach Ende der Interessenphase vorliegen, in einer dafür ergänzend eingefügten **„Reflexionsphase"** erstmals genutzt werden. Bei Bedarf kann es auch zu anderen Zeitpunkten eingenommen werden, wenn dies dem Verfahren dient. Es sollte dabei darauf geachtet werden, dass dem Medianden stets bewusst ist, in welchem der Settings er sich befindet. Deshalb sollten beide klar voneinander unterscheidbar gestaltet werden.

Vier wichtige Aspekte, die durch die **Abwesenheit einer Partei** bedingt sind, sollten darüber hinaus besonderes beachtet werden:

1. Authentische **Emotionen** des anderen sind nicht erlebbar und können nur aus zweiter Hand vermutet oder beschrieben werden. Sie gehen deshalb als Möglichkeit für den Mediator zum Aufspüren von Hintergründen weitgehend verloren und erlauben ihm, soweit sie vom Klienten benannt werden können, nur mittelbar, nach möglichen Hintergründen zu fragen.
2. Ein **korrigierender, relativierender Einfluss** des anderen auf den anwesenden Klienten entfällt, wodurch sich dessen Äußerungen weniger an der Konfliktrealität messen lassen müssen.
3. Alle Positionen, Themen, Interessen und Optionen, die der abwesenden Partei zugeschrieben werden, stammen **aus zweiter Hand.** Abhängig davon, wie gut der Klient den anderen kennt und wie ehrlich er mit sich selbst ist, können diese mehr oder weniger unvollständig, unscharf oder schlichtweg falsch sein.
4. Eine **Vereinbarung** kann mit der abwesenden Partei nicht getroffen werden.

Die **ersten beiden** Aspekte sollte der Mediator stets im Hinterkopf behalten und seine Interventionen entsprechend darauf ausrichten. Sie werden darüber hinaus in der Reflexionsphase aufgegriffen. Der **dritte** Aspekt ist für die Bildung von realistischen Optionen und Zukunftsüberlegungen des Klienten von großer Bedeutung. Um diesen zu berücksichtigen, soll in der Reflexionsphase eine bewusste Einschätzung zur Zuverlässigkeit der Hypothesen über die Aussagen des anderen vorgenommen werden. Der **vierte** Aspekt bedeutet, dass die Vereinbarungsphase der Mediation nicht übernommen werden kann. Die stattdessen hier hilfreichen Überlegungen für die Zukunft sollen unter dem Begriff **„Szenarienphase"** anders aufbereitet werden.

Hiermit ergibt sich ein modifizierter Phasenablauf der interpersonellen Einparteien-Mediation, der in Tab. 4 zusammengefasst wird.

Tab. 4: Inhaltliche Phasen und deren Setting

Mediation	Interpersonelle Einparteien-Mediation	
Phase	Phase	Setting
Eröffnung	Eröffnung	Reflexion
Themen	Themen	Mediation
Interessen	Interessen	Mediation
	Reflexion	Reflexion
Optionen	Optionen	Mediation oder Reflexion
Vereinbarung	Szenarien	Reflexion

Quelle: Eigene Darstellung.

2. Die Phasen im Einzelnen

a) Auftragsklärung

In einer **Mediation** sei es wichtig, vor Beginn des Verfahrens die Mediationseignung des Falls und der Medianden sowie die Unabhängigkeit und mögliche Neutralität des Mediators zu prüfen.[110] Medianden werden über Grundzüge des Verfahrens informiert und ein Mediationsvertrag zwischen den Medianden und dem Mediator wird geschlossen.

Für die **Einparteien-Mediation** finden diese Bestandteile ebenfalls Anwendung. Zusätzlich sollte besonders auf die erklärungsbedürftige Allparteilichkeit des Mediators auch gegenüber der nicht anwesenden Partei hingewiesen werden und sichergestellt sein, dass der Klient das

---

110 Vgl. detailliert hierzu etwa Ade/Alexander 2017, S. 27–32.

Verfahren wirklich so will und es ihm nicht um die Unterstützung beim Verschaffen eines einseitigen und gegebenenfalls kurzfristigen Vorteils geht. Der Klient sollte dazu bereit sein, während des Verfahrens in die Rolle des Konfliktpartners zu gehen, die Grundhaltung des Mediators akzeptieren, dass jede Partei für das, was sie tut, gute Gründe hat, und damit einverstanden sein, dass der Mediator sich beiden Seiten gleichermaßen verpflichtet fühlt.

b) Eröffnung

Die inhaltlichen Phasen beginnen mit der Eröffnung. Diese lässt sich **mediationsanalog** übernehmen und beinhaltet etwa die Begrüßung und die Schaffung einer entspannten positiven Arbeitsatmosphäre.[111] **Modifizierend** sollte auf die Besonderheiten hingewiesen werden, die sich durch das Fehlen einer Partei ergeben und wie damit gearbeitet werden soll, zum Beispiel der Bedeutung von Perspektiv- und Rollenwechseln, der zwei verschiedenen Settings und der Maßnahmen, um diese zu unterstützen.

c) Themen

Für die Sammlung der Themen wird erstmals das **Mediationssetting** eingenommen. Es bietet sich an, diesen Schritt mit dem Klienten zunächst für dessen eigene Themen durchzuführen und ihm dabei so viel Raum zu geben, wie er braucht, um den Konflikt aus seiner eigenen Sicht zu schildern,[112] auch wenn dies längere Zeit positionsbasiert geschehen sollte.

Aus dieser eigenen Schilderung und mit Unterstützung des Mediators wird er dann die Themen für sich entwickeln. Diese können zum

---

111 Vgl. detailliert zur Eröffnung einer Mediation etwa Diez u. a. 2019, S. 108–115.
112 Murbach (2006, S. 79) schließt dies aus. Hier wird jedoch der Argumentation von von Hertel gefolgt, dass für Klienten die Themenformulierung ohne Sachverhaltsdarstellung schwierig sei (Hertel 2002, S. 35). Zudem wird erwartet, dass sich durch den Prozess der Themenentwicklung aus den eigenen Positionen ein Lerneffekt und damit eine Erleichterung für den Perspektivwechsel zur anderen Partei ergibt.

Beispiel zunächst auf der linken Seite eines Flipcharts mit oder ohne Karten durch den Mediator notiert werden. Wenn dies – vorläufig – abgeschlossen ist, wird der Klient gebeten, sich auf den bisher leeren Stuhl der anderen Partei zu setzen und zu versuchen, in ähnlicher Breite und Tiefe dessen Sicht des Konflikts zu formulieren. Der Mediator wird ihn dabei auch mit dem Namen der anderen Partei ansprechen, um den Perspektivwechsel noch besser erlebbar zu machen, und dem Klienten helfen, die Themen in ähnlicher, ihm nun bereits vertrauter Art und Weise auch für die andere Partei zu entwickeln. Deren Themen können dann auf der rechten Seite des Flipcharts notiert werden. Gegebenenfalls kann bereits hier mit einer konsistent verwendeten Farblegende für Karten oder Schriftfarbe gearbeitet werden, um die Beiträge der Parteien gut sichtbar zu unterscheiden.

d) Interessen

Die Klärung der Interessen kann dann ebenfalls im Mediationssetting und **formal analog** zur beschriebenen Themenphase verlaufen. **Inhaltlich** ist dieser Teil ein **Schwerpunkt** der Arbeit des Mediators und dessen Gestaltung des Perspektivwechsels des Klienten kommt hier eine besondere Bedeutung zu.[113] Die aus der Mediation bekannten Methoden und Interventionen für diese Phase sind dann weitgehend übertragbar.

e) Reflexion

Die Reflexionsphase wird im **Reflexionssetting** durchgeführt und dient dazu, die Inhalte abzudecken, für die sich das Mediationssetting als nicht geeignet erweist. Hierbei wird der Klient situationsabgängig und nicht strukturell vorplanbar in verschiedene Perspektiven gebeten. So sollen zum einen die Emotionen und Reaktionen des anderen und deren Auswirkungen auf den Klienten (und umgekehrt) in die Betrachtung einbezogen werden. Dazu kann durch den Klien-

---

113 Vgl. Wüstehube 2004.

ten die erste, zweite oder dritte Position eingenommen werden. Zum anderen soll der Grad der Unsicherheit über die Hypothesen zu den Aussagen des anderen ergründet werden (Klient in dritter oder vierter Position). Dies könnte für alle bis dahin dokumentierten „Aussagen" des anderen zum Beispiel auf einer dreistufigen Skala (sicher, wahrscheinlich, hypothetisch) mittels farbig unterscheidbarer Klebepunkte dokumentiert werden. Im Ergebnis werden sich Modifikationen zu den bereits notierten Themen und Interessen ergeben, die vom Mediator entsprechend dokumentiert werden können.

f) Optionen
Diese Phase wird in Mediationen typischer Weise durch ein kreatives, auch assoziierendes Brainstorming unterstützt, bei dem sich die bisherige weitgehend sequentielle Abfolge auflöst und ein erstes gemeinsames Arbeitserlebnis entstehen kann. In der Einparteien-Mediation hingegen ist dies schwerer darstellbar. Da ein ständiger Platzwechsel des Klienten, um die jeweiligen Sprecherrollen einzunehmen, nicht praktikabel erscheint, könnte die Optionengenerierung unter Verlust einer solchen simulierten Interaktivität analog zur Themen- und Interessenphase in einem **Mediationssetting** sequentialisiert werden. Alternativ kann aber auch diese Phase in einem **Reflexionssetting** durchgeführt werden, in dem eher aus der dritten oder vierten Position heraus betrachtet würde, für welche Partei sich welche Optionen anbieten. Das Reflexionssetting scheint in jedem Fall angebracht, um gegen Ende der Phase eine Bewertung und gegebenenfalls Priorisierung der Optionen vorzunehmen.

g) Szenarien
Eine für die Zukunft wirksame Vereinbarung kann nicht geschlossen werden, aber es können auf Basis der inhaltlichen Optionen der Vorphase Szenarien erarbeitet werden, wie der zukünftige Konfliktverlauf durch den Klienten beeinflusst werden kann. Ob sich hierfür ausformulierte **Vereinbarungsoptionen** als hilfreich erweisen oder ob die-

se eine zu starke Fixierung des Klienten auf unter Unsicherheit entstandene Annahmen bedingen würde, wird von den Umständen des Einzelfalls abhängen. In jedem Fall erscheint es hilfreich, diese Phase mit einer strukturierten Reflexion des Klienten abzuschließen, wie er sich in Zukunft verhalten kann und welche seiner möglichen **künftigen Verhaltensweisen** sich wie auf das Konfliktsystem auswirken könnten. Darüber hinaus ergibt sich an dieser Stelle unter Umständen der Bedarf, zusätzlich mediationserweiternde Bestandteile in das Verfahren zu integrieren.[114]

h) Nachverfolgung
Was soll geschehen, wenn im Anschluss an eine Einparteien-Mediation eine **Mediation** mit beiden Parteien möglich wird? Im Geltungsbereich des deutschen **Mediationsgesetzes** begründet die bereits durchgeführte Einparteien-Mediation eine **Vorbefassung**.[115] Es sei damit dem Mediator unabhängig von einer Zustimmung der Medianden verboten, eine solche Mediation durchzuführen.[116] Diese Vorbefassung könnte dann entfallen, wenn beide Parteien vor Beginn der Einparteien-Mediation einen Mediationsvertrag schließen und sich mit dann als Einzelgespräch verstandener Einparteien-Mediation einverstanden erklären. Ein Szenario, das vermutlich nur selten realisierbar sein dürfte. Ein Mitglied der Kanzlei oder Praxisgemeinschaft des Einparteien-Mediators könnte die Mediation allerdings durchführen, wenn beide Medianden dem nach entsprechender Aufklärung zustimmten.[117] **Außerhalb des Geltungsbereichs** des MediationsG wäre neben dem Bestehen eines vergleichbaren Tätigkeitsverbots[118] zu prüfen, ob der Einparteien-Mediator sich für unabhängig und all-

---

114 Vgl. hierzu die grundsätzlichen Überlegungen im folgenden Abschnitt V.
115 Vgl. hierzu § 3 Abs. 2 Satz 1 MediationsG.
116 Vgl. Zukunft 2012, S. 55.
117 Vgl. hierzu § 3 Abs. 4 MediationsG; Zukunft 2012, S. 55.
118 So sehe z.B. die Mediationsrichtlinie EU keine entsprechende Tätigkeitsbeschränkung vor und auch dem angloamerikanischen Kontext sei ein solches Tätigkeitsverbot fremd (vgl. Zukunft 2012, S. 58).

parteilich genug hält, um auch die Mediation anzunehmen. Eventuell gäbe es hier die Möglichkeit, zunächst mit der bisher abwesenden Partei eine analoge Einparteien-Mediation durchzuführen, bevor beide in einer Mediation zusammenkommen.

V. Mediationserweiterungen

Die Abwesenheit der anderen Partei ist eine grundsätzliche Herausforderung der Einparteien-Mediation. Sie bietet aber auch Chancen. Zum einen wird das Verfahren ohne die Anwesenheit des Konfliktpartners für den Klienten **entspannter** verlaufen. Es wird ihm leichter fallen, sich zu öffnen, seine eigenen Interessen zu ergründen und zu artikulieren, ohne negative Reaktionen der anderen Seite fürchten zu müssen. Auch kann es dem Mediator dadurch eher gelingen, mit der allein anwesenden Partei eine wirksame **Arbeitsallianz** zu entwickeln, die für den Erfolg personenzentrierter Unterstützungsarbeit eine wichtige Rolle spielt.[119]

Zum anderen gibt es – entsprechende Kompetenz des Mediators vorausgesetzt – die Möglichkeit, flexibel und ganz auf den einen Klienten zugeschnitten **weitere Methoden und Interventionen** einzusetzen, wie beispielsweise die Arbeit mit Aufstellungen[120] oder dem Systembrett[121], insbesondere bei mehreren nicht anwesenden Beteiligten, der englischen Debatte[122] oder der Rollenklärung nach Harrison[123]. Auch **über** die Klärung des einzelnen **Konflikts hinaus** gibt es prinzipiell die Möglichkeit, an grundlegenden Verhaltensmustern des Klienten zu arbeiten, ihm auf ihn zugeschnittene Grundlagen der Kommunikations- oder Konflikttheorie zu vermitteln, ihn in der Nut-

---

119 Zu den grundlegenden Mechanismen im therapeutischen Umfeld vgl. Roth/Strüber 2017, S. 376.
120 Vgl. etwa Sander/Waas 2012.
121 Vgl. etwa Polt/Rimser 2015.
122 Vgl. Montada/Kals 2013, S. 235f.
123 Vgl. Harrison 1977.

zung bestimmter Kommunikations- oder Verhandlungstechniken zu unterweisen usw.[124]

Zur Frage, ob und inwieweit dies im Rahmen der Einparteien-Mediation sinnvoll möglich und **„erlaubt"** sein soll, lassen sich verschiedene Standpunkte einnehmen. So werden die einen die Ermöglichung und den subjektiven Klientennutzen in den Vordergrund stellen,[125] andere auf die Schwierigkeit verweisen, durch zu starke einseitige Klientenorientierung den Rahmen der Allparteilichkeit zu verlassen und hier ein personenzentriertes Konflikt-Coaching zu beginnen[126]. Dies erweist sich wohl als eine spezielle Ausprägung der Position „Was hilft, hilft, egal wie es heißt" und des Anspruchs, mit einer Rollenklarheit und klaren Haltung eine transparente, begründbare und nachvollziehbare haltungsgeleitete Unterstützung zu bieten.

Wo immer hier der einzelne Mediator für sich die Grenze des Machbaren zieht, es sollte für den Klienten jederzeit **transparent** sein, in welcher Rolle sich sein Dienstleister ihm und der abwesenden Partei gegenüber befindet und wem er dabei **verpflichtet** ist. Dies kann durch eine geeignete Veränderung des räumlichen Settings, durch Pausen, einen neuen Termin oder das bewusste Aufsetzen eines neuen Verfahrens der individuellen Unterstützung für den Klienten erleb- und unterscheidbar gestaltet werden. Rechtlich ergeben sich für den Anbieter durch das Mediationsgesetz hier im Übrigen keine Einschränkungen, da dieses für die Einparteien-Mediation nicht anwendbar ist.[127]

---

124 Vgl. hierzu auch Murbach 2006, S. 80f., der hierzu eine zusätzliche „Verbindungsphase" vorschlägt. Mögliche Inhalte umfassen etwa die GFK (vgl. Rosenberg 2016), das „Kommunikationsquadrat" (vgl. Schulz von Thun 2018) oder die Transaktionsanalyse (vgl. Schreyögg 2011, S. 68–70).

125 So wollten Fechler und Oschmann den „inneren Erlauber" in Mediationskollegen aktivieren, die sich dem Konflikt-Coaching bisher aus ethischen oder fachlichen Gründen verschlossen hätten (vgl. Fechler/Oschmann 2011, S. 25).

126 Murbach konstatiert, dass selbst die Einparteien-Mediation an sich „unbedingt Ausnahme" bleiben müsse (Murbach 2006, S. 78).

127 Vgl. § 1 Abs. 1 MediationsG.

VI. Konsolidierte Gesamtdarstellung

Die folgende konsolidierte Übersicht fasst die Überlegungen der vorangegangenen Abschnitte zusammen und orientiert sich dabei an den Gestaltungselementen Klient, Potential, Ablauf, Ergebnis und Folgeergebnis (vgl. hierzu auch Tab. 5). Für diese werden zu insgesamt 20 prägenden **Aspekten** entweder konkrete Empfehlungen abgegeben oder mögliche Gestaltungsfreiräume identifiziert. Ausprägungen dieser Gestaltungsfreiräume werden jeweils in zwei oder drei **Kategorien** unterteilt, die bestimmen, welche davon als geeignet, als unter Voraussetzungen geeignet oder als ungeeignet angesehen werden. Ein Anbieter, der sich hieran orientiert, mag, abhängig von seiner Erfahrung sowie vom Grundverständnis und Kontext seiner Arbeit, eine für ihn passende Ausprägung von Einparteien-Mediation vornehmen können.

1. Klient

Ausgangssituation der Einparteien-Mediation ist ein konkreter Konflikt. Unterstützungen, die von vornherein auf eine generelle Arbeit an der Konfliktfähigkeit und -bewältigungskompetenz des Klienten gerichtet sind, werden von ihr nicht erfasst, sondern sind eher dem Konflikt-Coaching zuzuordnen.

Dieser konkrete Konflikt kann ohne erkennbare Einschränkung aus unterschiedlichen **Konfliktgebieten** stammen.

Scheitert eine Mediation an der **Bereitschaft der anderen Konfliktpartei** und verfügt der Klient bereits über erste **Kenntnisse** über die Grundsätze der Mediation, ist dies ein geeignetes Einstiegsszenario. Ist der Klientenwunsch im Sinne des **Verfahrens unspezifischer** oder ist er **selbst zu einer Mediation noch nicht bereit**, wird in der Auftragsklärung sicherzustellen sein, dass die allparteiliche Durchführung der Einparteien-Mediation tatsächlich das ist, was der Klient wünscht und was diesem hilft.

Wichtig ist dann, dass der Klient das Ziel verfolgt, im Verfahren mit einem mediativen Verständnis auch für die Berechtigung der Sichtweise der anderen Konfliktpartei eine **allparteiliche Unterstützung** zu erlangen. Geht es ihm hingegen darum, sich durch entsprechende Vorbereitung einen einseitigen Vorteil in einer Auseinandersetzung zu verschaffen, erscheint dies mit dem Prinzip der Allparteilichkeit nicht vereinbar und wäre eher der Fall für ein nur dem Klienten verpflichtetes (Konflikt-)Coaching oder gegebenenfalls für eine parteiische Rechtsberatung durch einen Anwalt.

2. Potential

Der Einparteien-Mediator sollte über eine einschlägige **Mediationsausbildung** verfügen, ohne die die mediationsanaloge Durchführung des Verfahrens nicht möglich erscheint,[128] und sich spezifisch für die Einparteien-Situation fortgebildet haben. Vorzugsweise verfügt er daneben über **Coaching-Kenntnisse**, deren erforderliches Ausmaß auch davon abhängt, wie stark er mediationserweiternde Coaching-Elemente nutzen möchte.

Mediationserfahrungen sind einerseits wünschenswert, auf der anderen Seite führt(e) jeder Anbieter irgendwann sein erstes Verfahren durch.[129] Eine generelle Anforderung soll hier nicht formuliert werden.

Ob **Fachkenntnisse** auf dem bearbeiteten Konfliktgebiet hilfreich oder gar erforderlich sind, kann, wie in der Mediation selbst, unterschiedlich beurteilt werden. Werden die einen den Standpunkt vertreten, dass die Nutzung solcher Fachkenntnisse der Selbstverantwortung der Parteien eher abträglich sein kann, argumentieren andere, dass es auch solche Fachkenntnisse sind, die der Klient erwartet, die für Akzeptanz des Mediators sorgen und die unter Umständen sogar erforderlich sind, um geeignete Lösungsoptionen zu generieren oder

---

128 Alle in Kapitel C untersuchten Einparteien-Mediatoren geben an, auch als Mediator tätig zu sein.
129 Von Hertel schlägt vor, mit der Einparteien-Situation zu üben, bevor man sich der Mediation mit mehreren Personen zuwendet (vgl. Hertel 2013, S. 162).

abzusichern. Alle Varianten sind auch in der Einparteien-Mediation denkbar, abhängig u. a. vom Konfliktgebiet, den konkreten Voraussetzungen des Klienten und der Haltung des Mediators hierzu.

Tab. 5: Einparteien-Mediation für interpersonelle Konflikte

Gestaltungs-bereich	Kriterium	Ausprägungen		
Klient	Ausgangssituation	Konkreter Konflikt	Allgemeiner Wunsch nach Stärkung eigener Konfliktfähigkeit	
	Konfliktgebiet	Wirtschaft, Organisationen, Familie, Nachbarschaft u. a.		
	Verfahrenskenntnis	Wünscht mediative Konfliktbearbeitung	Verfahrensunspezifischer Konfliktbearbeitungswunsch	
	Grund für Abwesenheit einer Partei	Bei abwesender Partei	Bei anwesender Partei	
	Ziel	In Wertschätzung mediativen Verständnisses nachhaltige Klärung anstreben	Vorteil verschaffen in Auseinandersetzung mit anderer Partei, Verhandlungsvorbereitung	
Potential	Qualifikationen	Ausgebildeter Mediator mit umfangreichen Coachingqualifikationen	Ausgebildeter Mediator mit Grundkenntnissen des Coachings	Ausgebildeter Mediator
	Mediationserfahrung	Experte	Praktiker	Anfänger
	Fachkenntnisse auf dem Konfliktgebiet	Keine	Grundlagen	Experte
	Haltung	Allparteilich gegenüber allen, auch abwesenden Konfliktparteien	Nur der anwesenden Konfliktpartei verpflichtet	
	Materielle Ausgestaltung	Raumgestaltung und materielle Ausstattung unterstützen sowohl ein Mediationssetting als auch ein Reflexionssetting.		
	Präsenzerfordernis	In Präsenz	Online	Telefonisch

Gestaltungs-bereich	Kriterium	Ausprägungen			
Ablauf	Prozess	Mediationsanaloges Phasenmodell als Grundlage, vgl. E.IV			
	Prozessführerschaft	Beim Mediator		In Abstimmung mit Klienten	
	Festhalten am vorgegebenen Phasenmodell	Starr		Festhalten an wesentlichen Strukturmerkmalen, aber Zulassen von Sprüngen und Schleifen	Flexibel
	Flexibilität bzgl. möglicher Verfahrenswechsel	Nein		Begrenzte Flexibilität	Volle Flexibilität
	Mediationserweiterungen durch Coachingelemente	Keine		Bei Bedarf durch Rollenklärung/Settingänderung bewusst separiert	Jederzeit, wenn als sinnvoll erachtet
	Inhaltliche Direktivität	Kein inhaltlicher Rat		Ggf. vorsichtig als Hypothese o. ä.	Ale elementarer Bestandteil
	Problem- vs. lösungsorientiert	Problemorientierter		Problemorientiert und lösungsorientiert	Lösungsorientierter
Ergebnis		Tieferes Verständnis für eigene und fremde rationale und emotionale Konfliktgrundlagen, Erkennen von Lösungsoptionen			
Folgeergebnis		Erleichterung im Umgang mit dem Konflikt, positive Änderungen im Konfliktsystem			
Legende:					
		Für Einparteien-Mediation geeignet			
		Unter Voraussetzungen für Einparteien-Mediation geeignet			
		Für Einparteien-Mediation ungeeignet			

Quelle: Eigene Darstellung.

Die **allparteiliche Haltung** des Einparteien-Mediators ist ein wesentliches Grundprinzip des Verfahrens und nicht verhandelbar. Auch wenn mediationserweiternde Elemente der individuellen Unterstützung des Klienten eingesetzt werden, muss diese grundsätzliche Haltung bestehen bleiben.

Die **materielle Ausgestaltung**, insbesondere die Anordnung von Tisch und Stühlen, und die Möglichkeiten der Dokumentation sollte sowohl ein Mediationssetting als auch ein Reflexionssetting ermöglichen, um den unterschiedlichen Charakter dieser Verfahrensbestandteile abgrenzbar und für den Klienten erlebbar zu machen.

Auch die gegenwärtige Pandemie wirft die Frage auf, ob Einparteien-Mediation ähnlich wie zum Teil Mediation in einer Online- oder gegebenenfalls Telefonvariante durchgeführt werden kann.[130] Den Vorteilen des Infektionsschutzes und der räumlichen Flexibilität steht jedoch gegenüber, dass die komplexe und anspruchsvolle Perspektivwechselproblematik der Einparteien-Mediation durch das Fehlen der räumlichen und persönlichen Erlebnismöglichkeiten noch weiter erschwert würde. Sollte **Online**-Einparteien-Mediation erwogen werden, wäre sehr gut zu überlegen, wie dies ausgeglichen werden kann. In einem **Telefonat** erscheint dies nicht sinnvoll möglich.

3. Ablauf

Das in Abschnitt IV für die Einparteien-Mediation entwickelte mediationsanaloge Phasenmodell soll bei ihrer Durchführung angewendet werden. Dabei erscheint es sinnvoll, dass die **Prozessführerschaft** prinzipiell beim Mediator liegt. Anders als in der Mediation ist es hier möglich und unter Umständen auch sinnvoll, diesen Prozess stärker **in Abstimmung** mit der allein anwesenden Partei zu gestalten, etwa um geeignete Reflexionszeitpunkte zu bestimmen.

An diesem Phasenmodell mögen verschiedene Mediatoren unterschiedlich stark festhalten wollen: Von einem **starren**, auch für den Anfänger klar strukturierten **Ablauf**[131] bis hin zu einer eher **freien Interpretation**, wie sie langjährigen Praktikern vielleicht eher entspricht. Hier wird empfohlen, in jedem Fall an den prägenden Struk-

---
130 Vgl. hierzu auch Dendorfer-Ditges 2020.
131 Vgl. eine ähnliche Argumentation für die KPA bei Wüstehube 2004, S. 18.

turmerkmalen festzuhalten, da sie der Kern des mediationsanalogen Vorgehens sind, aber „Schleifen und Sprünge" zuzulassen, die es u. a. ermöglichen, auch Gedanken, die außerhalb des Schemas auftauchen, gewinnbringend zu verwerten.

Einmal begonnen, sollte eine Einparteien-Mediation wegen der Besonderheiten des Verfahrens auch konsequent durchgeführt werden, es sei denn, sehr gewichtige Gründe sprechen dagegen. Erscheint ein **Verfahrenswechsel** etwa zu einem Konflikt-Coaching unbedingt erforderlich, sollte dieser im Einverständnis mit dem Klienten klar kommuniziert und durch eine entsprechende Zäsur erlebbar gemacht werden. Die Möglichkeit eines flexiblen Verfahrenswechsels „en passant" ist wegen seiner fehlenden Haltungs- und Rollenklärung dagegen abzulehnen.

Ähnliches gilt für die Frage, inwieweit **Mediationserweiterungen** durch coachingähnliche Elemente vorgenommen werden können. Wird deren strikte Ablehnung eventuell zu einem suboptimalen Ausschöpfen des möglichen Verfahrensnutzens führen, ist deren beliebiger, jederzeit möglicher Einsatz gegebenenfalls ungeeignet, da es bei ihm nicht mehr möglich sein kann, die Prinzipien der Allparteilichkeit und Strukturiertheit zu wahren. Es wird deshalb vorgeschlagen, solche mediationserweiternde Coachingelemente nur in dem Umfang durchzuführen, wie sie analog auch in einem **Einzelgespräch** in einer Mediation möglich wären.

Die Frage, inwieweit sich der **Mediator** mit eigenen **inhaltlichen** Gedanken zum Konflikt einbringen soll, spiegelt sich auch in der Einparteien-Mediation wider. So hilfreich hierbei seine vorsichtig formulierte Hypothese über die abwesende Partei sein kann, wenn der Klient Schwierigkeiten beim Perspektivwechsel hat, so dominant und unter Umständen dominant falsch kann sie sein, da sie durch eben diese abwesende Partei nicht korrigiert werden kann. Als elementarer Bestandteil des Verfahrens, etwa in dem der Mediator gedanklich in die Rolle der abwesenden Partei schlüpft, sollten solche Interventionen deswegen auch nicht praktiziert werden.

Mediation ist in der Regel eher lösungs- als problemorientiert, d. h., sie beschäftigt sich eher mit der Zukunft als mit einer sorgfältigen Aufbereitung der Vergangenheit. Auch hier sind unterschiedliche Ausprägungen möglich, die auf die Einparteien-Mediation übertragen werden können. Bei Letzterer scheint jedoch der Problemzugang des Klienten ein wichtiger Bestandteil zu sein, dient er doch als Blaupause der Entwicklung von Positionen und Konfliktgeschichte über Themen und Interessen zu Optionen, die dann beim Perspektivwechsel analog aus Sicht der abwesenden Partei genutzt werden kann. Im Gegensatz dazu ist hier die mögliche Lösungsorientierung durch die Abwesenheit einer Partei begrenzt, so dass im Ergebnis Einparteien-Mediation eher **problem**orientierter sein wird als eine klassische Mediation.

4. Ergebnis

Wie in Abschnitt E.III erläutert, wird als unmittelbares Ergebnis der Einparteien-Mediation ein tieferes **Verständnis** für eigene und fremde rationale und emotionale Konfliktgrundlagen des Klienten sowie das Erkennen von **Lösungsoptionen** erwartet.

5. Folgeergebnis

Im Nachgang zum Verfahren wird erwartet, dass der Klient eine Erleichterung im Umgang mit dem Konflikt wahrnimmt und dass sich **mittelbar** auch positive Auswirkungen auf Konfliktpartner und Konfliktsystem ergeben (vgl. hierzu auch Abschnitt E.III).

VII. Namensgebung

Für die Namensgebung der Einparteien-Mediation haben sich in der Praxis insgesamt **15 Schreibweisen** finden lassen (vgl. Anhang 1). Hierzu werden im Folgenden einige Aspekte diskutiert.

Da es eine Mediation mit nur einer Partei per Definition nicht geben kann, lässt sich „Einparteien-Mediation" als ein **Oxymoron** verstehen, als ein logisch betrachtet widersprüchlich konstruierter Begriff, der der pointierten Benennung des Sachverhalts dient und in seiner Aussage als mediationsanaloges Verfahren für eine Partei verstanden werden kann.

Die Bezeichnungen als **Einpartei(en)-** bzw. **One-Party-Mediation** haben dabei den Nachteil, dass diese Begriffe den Nebenaspekt der Bearbeitung intrapersoneller Konflikte nicht treffend beschreiben, denn hier sind ja eigentlich mehrere „Parteien" anwesend. Die alternativ verwendete Bezeichnung **Einpersonenmediation** könnte als unglücklich angesehen werden, da mit Klient und Mediator zwei Personen anwesend sind, gleichwohl könnte argumentiert werden, dass nur eine Person „mediiert" wird. Die Bezeichnung **Einzelmediation** ist insofern missverständlich, als der Begriff auch in anderem Sinne, insbesondere in Abgrenzung zur Co-Mediation, gebräuchlich ist (vgl. Anhang 3).

Nicht nur die Einparteien-Mediation, sondern auch die One-Party-Mediation ist im **angelsächsischen Sprachraum** weitestgehend unbekannt. Gleichwohl nutzen fast die Hälfte der deutschsprachigen Anbieter die englische Übersetzung.[132] Dies dient vermutlich dem Bestreben, dieses Verfahren griffig und ansprechend zu benennen. Anders als bei anderen scheinbaren Anglizismen, wie „Handy" für Mobiltelefone oder „Oldtimer"[133] für gepflegte historische Automobile, würde One-Party-Mediation im englischen Sprachraum wohl verstanden werden und könnte sich damit für eine internationalere Positionierung des Verfahrens eignen.

Müsste es aber nicht eigentlich „Einpartei-Mediation" heißen, wie von Murbach[134] vorgeschlagen und von einigen Anbietern auch verwendet? Schließlich lässt sich aus einer Partei kein Plural konstruieren. Selbst wenn man die Praxis der Mediation benennt, mehrfach mit einzelnen Parteien zu mediieren, wären dies dann nicht Einpar-

---

132 Vgl. Abb. 1.
133 Im Englischen gebräuchlich sind hier stattdessen mobile (phone) oder cellular (phone) bzw. vintage cars.
134 Vgl. Murbach 2006.

tei-Mediationen statt Einparteien-Mediation? Sprachmorphologisch kann das „**en**" allerdings analog zum „Einpersonenhaushalt"[135] auch als Kompositionsfuge verstanden werden, eine Konstruktion, die das Wort ansprechender und gefälliger wirken lassen soll. Mitunter konkurrierten in ähnlichen Wortbildungen auch unterschiedliche Formen „mit und ohne Fugenelement", wie im Falle von „Einparteienherrschaft versus Einparteiherrschaft".[136] Beide Schreibweisen bewegen sich also im Rahmen des Üblichen.

Auch was das Setzen und gegebenenfalls die Platzierung eines **Bindestrichs** anbelangt, sind verschiedene Schreibweisen möglich. 50,7 Prozent der nach dem Strukturtyp „$[ein-S_x]\ S_y$" vergleichbar gebildeten Wörter verwendeten einen „Durchkopplungsbindestrich" (analog: Ein-Parteien-Mediation), 29,4 Prozent kämen ohne Bindestrich aus (analog: Einparteienmediation) und bei 19,9 Prozent würde „nur eine Fuge – in der Regel die Hauptfuge – durch einen Bindestrich hervorgehoben"[137] (analog: Einparteien-Mediation).

Welchen Namen Anbieter wählen, ist sicher unter anderem auch Geschmackssache und soll diesen überlassen bleiben. Gleichwohl wird die Zersplitterung der Namensgebung nicht zu einer einheitlichen Wahrnehmung am Markt beitragen.

VIII. Bedeutung der Einparteien-Mediation

Einparteien-Mediation wurde in diesem Kapitel als Verfahren zur Bearbeitung interpersoneller Konflikte beschrieben. Dessen Bedeutung soll nun bezüglich seiner Eigenständigkeit und Relevanz beurteilt werden. Ein Verfahren der Konfliktbearbeitung wird dabei als **eigenständig** betrachtet werden können, wenn es sich von anderen Verfahren klar abgrenzen lässt und keinem dieser anderen Verfah-

---

135 Seiffert 2008, S. 146.
136 Ebd., S. 145.
137 Ebd.

ren strukturell als Variante zugeordnet werden kann. Es wird als **relevant** bezeichnet werden können, wenn eine nennenswerte Nachfrage einem entsprechenden Angebot gegenübersteht.

1. Eigenständigkeit

Wie in den vorangegangenen Abschnitten erarbeitet wurde, kann Einparteien-Mediation für interpersonelle Konflikte weder der Mediation noch dem Coaching als Variante zugeordnet werden. So führt die Beschränkung auf **eine Partei** und die fehlende Lösungsmöglichkeit des Konflikts im Verfahren dazu, dass Einparteien-Mediation weder als Mediation noch als Einzelgespräch in einer Mediation verstanden werden kann (vgl. Tab. 6). Im Vergleich zum mit breiterer Zielsetzung agierenden Coaching oder Konflikt-Coaching bedeutet ihre Bearbeitung eines konkreten Konflikts einen anderen **Fokus**. Sie unterscheidet sich von diesen Verfahren aber auch grundsätzlich in der **allparteilichen** Haltung auch gegenüber der abwesenden Partei und bietet damit einen grundsätzlich anderen Verfahrensansatz.

Tab. 6: Abgrenzungen interpersoneller Einparteien-Mediation

Verfahren	Coaching	Konflikt-Coaching	Interpersonelle Einparteien-Mediation	Einzelgespräche in Mediation	Mediation
Anzahl beteiligter Parteien	1	1	1	1 von ≥ 2	≥ 2
Ziel	Stärkung des Individuums	Konfliktbezogene Stärkung des Individuums	Bearbeitung eines konkreten Konflikts	Lösung eines konkreten Konflikts	
Neutralität	Allein dem Klienten verpflichtet		Allparteiliche Arbeit mit einer Partei	Allparteiliche Arbeit mit einer Partei	Allparteilich

Grau hinterlegte Felder kennzeichnen Abgrenzungen zur interpersonellen Einparteien-Mediation. Quelle: Eigene Darstellung.

Somit kann **Einparteien-Mediation** für **interpersonelle Konflikte** als **eigenständiges Verfahren** der Konfliktbearbeitung angesehen werden.

2. Relevanz

Viele Praktiker kennen Situationen, in denen eine Mediation nicht stattfinden kann, weil eine der Parteien hierzu nicht bereit ist.[138] Dennoch bleibt der Konflikt bestehen und es kann für eine Partei den Bedarf geben, daran zu arbeiten. Eine **Nachfrage** kann sich also im Umfeld von nicht stattfindenden Mediationen ergeben, insbesondere wenn eine Partei sich bereits mit dem Verfahren der Mediation auseinandergesetzt hat und mediationsanalog arbeiten möchte. Hier bietet sich Einparteien-Mediation als erwartungskonformes Verfahren **unmittelbar** an. Viele Menschen, die sich in Konflikten befinden, werden sich jedoch über die verschiedenen Bearbeitungsmöglichkeiten nicht im Klaren sein. Sie werden einen Mediator oder Coach vielleicht mit der Frage ansprechen, ob und wie man ihnen helfen könne. Einparteien-Mediation kann sich dann als **ein mögliches** Verfahren erweisen, Klienten bei der Bearbeitung ihres Konflikts zu unterstützen.

Auch für **Mediatoren** kann dies von **Nutzen** sein, können sie doch so Klienten, deren Mediation nicht zustande kommt, selbst eine wertvolle Alternative anbieten.[139] Im deutschsprachigen Raum ließen sich hierzu 40 Anbieter identifizieren. Im angelsächsischen Bereich, in dem Einparteien-Mediation weitestgehend unbekannt ist, gibt es auf eine vergleichbare Nachfrage insbesondere Angebote des Konflikt-Coachings.[140] Mit 40 Einparteien-Mediatoren im Vergleich zu über 1 000 Mediatoren[141] scheint allerdings auch im deutschsprachi-

---

138 Vgl. etwa Fechler/Oschmann 2011, S. 25.
139 Für eine analoge Argumentation zum Konflikt-Coaching vgl. ebd., S. 27.
140 Vgl. Jones/Brinkert 2008, S. 9; Noble 2012, S. 2f.; Tidwell nennt seinen mit begrenzten mediativen Bezügen ausgestalteten Verfahrensvorschlag „problem solving for one" (vgl. Tidwell 1997, S. 309).
141 Im Rahmen einer Befragung wurden in Deutschland 1 019 Mediatoren identifiziert (vgl. Masser u. a. 2017, S. 58).

gen Raum angebotsseitig das mögliche Potential für seine Anwendung noch nicht ausgeschöpft zu sein.

F. Einparteien-Mediation für intrapersonelle Konflikte

In diesem Kapitel werden die wesentlichen Unterschiede skizziert, die sich im Spezialfall intrapersoneller Anwendung im Vergleich zur interpersonellen Einparteien-Mediation ergeben.

I. Ausgangssituation

Ein **intrapersoneller Konflikt** bedeutet zunächst eine andere Ausgangssituation. In ihm geht es nicht um die Klärung eines Konflikts mit jemand anderem, sondern um die Klärung einer eigenen inneren Indifferenz, einer Unschlüssigkeit, eines Dilemmas oder einer Entscheidungssituation. Dabei eignet sich als Metapher das Bild der „zwei Seelen", die „ach! in meiner Brust" wohnen[142], oder das Modell vom „inneren Team"[143], bei dem verschiedene innere Akteure die unterschiedlichen Sichtweisen des Klienten auf die in Rede stehende Situation symbolisieren.

Wird **Einparteien-Mediation** auf einen solchen intrapersonellen Konflikt angewendet, so werden die verschiedenen Seelen oder Mitglieder des inneren Klienten-Teams als Parteien angesehen. Da per Definition mehr als eine Seele oder ein Teammitglied erforderlich ist, stellt dies im eigentlichen Sinne keine *Ein*-Parteien-Mediati-

---

142 Goethe 1841, S. 56.
143 Vgl. Schulz von Thun 2017.

on dar. Die Bezeichnung gründet sich eher auf der Ähnlichkeit zu ihr, die darin besteht, dass *ein* Klient mit einem externen Dritten mediationsanalog einen Konflikt bearbeitet.

Denkbare **Einstiegsszenarien** hierfür könnten sein:

- Ein Mediator wird von einem informierten Klienten/Interessenten daraufhin angesprochen.
- Ein Coach erwägt dieses während seiner Auftragsklärung oder im Verlauf des Coachingprozesses als geeignete Methode.
- In einer interpersonellen Einparteien-Mediation ergibt sich ein Coaching-Bedarf, der auf diese Weise bearbeitet werden kann.

II. Mediationsanaloge Gestaltung

Prinzipien: Die Allparteilichkeit und Unabhängigkeit ist hier leichter einzuhalten, da alle „Parteien" Ausprägungen des anwesenden Klienten sind. Der externe Dritte ist hier wie der Coach im Coaching nur seinem Klienten verpflichtet.

Ziele: Als Ziel kann hier neben der kognitiv-emotionalen auch die kontraktuelle Zielsetzung im Sinne einer abschließbaren Vereinbarung Anwendung finden, da alle „Parteien" gedanklich anwesend sind. Die interpersonelle Zielsetzung wird zu einer intrapersonellen und hat hier die innere Befriedung zum Gegenstand.

Phasen: Wegen der Anwesenheit aller „Parteien" wird sich eine Mediationsanalogie leichter herstellen lassen. Auch werden dem Klienten die Perspektivwechsel leichter fallen, da alle Parteien Teil seiner selbst sind. Alle Phasen können also im Prinzip wie in einer Mediation ablaufen.

III. Potential

Der externe Dritte sollte idealerweise **sowohl Mediator als auch Coach** sein. Mediator, um über ein tieferes Verständnis der dafür relevanten Mechanismen zu verfügen und diese für den inneren Konflikt analog gut einbringen zu können. Coach einerseits, weil nicht alle Mitglieder des inneren Teams dem Klienten bereits bekannt sein mögen und deren Bestimmung unter Umständen erst durch tiefere Einblicke in Persönlichkeit und Vorgeschichte des Klienten erschlossen werden kann; andererseits, weil es für innere Konflikte eine Reihe anderer Methoden der Bearbeitung gibt, die je nach Situation für den Klienten besser geeignet sein können. Auch kann sich gerade im Umfeld von inneren Konflikten weiterer Unterstützungsbedarf ergeben, den ein ausgebildeter Coach besser abdecken kann.

IV. Ablauf

In der Durchführung können Mediator und Klient an einem Tisch sitzen, auf dem die Parteien durch **kleine Gegenstände** symbolisiert werden.[144] Der Klient selbst kann dann unter Führung durch den Mediator wechselseitig in die Rollen der Parteien schlüpfen und deren Themen, Interessen und Optionen eruieren, auch gegebenenfalls ohne seinen Sitzplatz zu wechseln. Eine Vereinbarung lässt sich dabei schließen, indem diese durch den Klienten aus der Perspektive der verschiedenen inneren Teammitglieder entwickelt und abschließend geprüft wird. Es erscheint sinnvoll, ein solch spezifisches **Mediationssetting** für intrapersonelle Konflikte bewusst einzunehmen und von anderen Methoden und Interventionen transparent unterscheidbar zu machen.

---

144 Vgl. Hertel 2013, S. 258.

Vielleicht entdeckt ein Klient den **intrapersonellen** Konflikt im Rahmen der Bearbeitung eines **interpersonellen** Konflikts, etwa bezüglich der Frage, ob er kompromissbereit sein soll, um den lieben Frieden zu wahren, oder ob er auf seinem Standpunkt beharren soll, damit es gerecht zugeht. Diese intrapersonelle Fragestellung könnte dann analog anderer Coachingmaßnahmen[145] in einem Reflexionssetting der interpersonellen Einparteien-Mediation – analog einem Einzelgespräch in der klassischen Mediation – bearbeitet werden.

V. Ergebnis und Folgeergebnis

Als Ergebnis wird die Beilegung oder **Lösung des inneren Konflikts** angestrebt werden können. Auch hier mag das im Verfahren Erlebte beim Klienten noch in Form eines Folgeergebnisses nachklingen, ein Großteil seines Nutzens wird jedoch bereits zum Ende des Verfahrens realisiert werden können.

VI. Bedeutung der Einparteien-Mediation für intrapersonelle Konflikte

Auf Basis der in Abschnitt E.VIII verwendeten Eigenständigkeits- und Relevanzkriterien lässt sich die Bedeutung intrapersoneller Einparteien-Mediation wie folgt charakterisieren:

1. Eigenständigkeit

Ein innerer Konflikt könnte **auch mit anderen Methoden** aus dem Werkzeugkasten des Coaches bearbeitet werden, etwa dem Tetralemma zur Entscheidungsunterstützung[146], einer Nutzung des inne-

---

145 Vgl. Abschnitt E.V.
146 Vgl. Varga von Kibéd/Sparrer 2014.

Bedeutung der Einparteien-Mediation für intrapersonelle Konflikte

ren Teams ohne Mediationssetting[147], der Dilts'schen Pyramide zur Selbstklärung[148] oder weiterer Möglichkeiten der Aufstellungsarbeit[149]. Die wesentlichen **Alleinstellungsmerkmale** der allparteilichen Haltung und das Fokussieren auf einen konkreten externen Konflikt, die Einparteien-Mediation in der interpersonellen Arbeit vom Coaching abgegrenzt hatten, sind hier **nicht vorhanden**. Dies bedeutet andererseits auch eine noch **klarere Abgrenzung** zur Mediation. In Tab. 7 wird dies zusammenfassend veranschaulicht.

Tab. 7: Abgrenzungen intrapersoneller Einparteien-Mediation

Verfahren	Coaching	Konflikt-Coaching	Interpersonelle Einparteien-Mediation	Einzelgespräche in Mediation	Mediation
Anzahl beteiligter Parteien	1	1	1 Klient, ≥ 2 „gedankliche" Parteien	1 von ≥ 2	≥ 2
Ziel	Stärkung des Individuums	Konfliktbezogene Stärkung des Individuums	Stärkung des Individuums in einer inneren Konfliktsituation	Lösung eines konkreten Konflikts	
Neutralität	Allein dem Klienten verpflichtet		Allein dem Klienten verpflichtet	Allparteiliche Arbeit mit einer Partei	Allparteilich

Grau hinterlegte Felder kennzeichnen Abgrenzungen zur intrapersonellen Einparteien-Mediation. Quelle: Eigene Darstellung.

Somit kann **Einparteien-Mediation** für **intrapersonelle Konflikte nicht** als **eigenständiges Verfahren** der Konfliktbearbeitung, sondern eher als eine **Methode des Coachings** angesehen werden.

---

147 Vgl. Schulz von Thun 2017.
148 Vgl. etwa Dilts u. a. 2013, S. 339.
149 Vgl. etwa Sparrer 2017.

2. Relevanz

Menschen mit inneren Konflikten sind ein lang **bekanntes** und auch **häufig** beschriebenes Phänomen, insofern kann hier ein grundsätzliches Unterstützungsbedürfnis ausgemacht werden. Zu dieser Unterstützung Einparteien-Mediation als Methode einzusetzen, setzt jedoch entsprechende Kenntnis des Anbieters und gegebenenfalls auch des Klienten voraus. Letzterer wird zumindest eine gewisse Freude und Affinität an diesem strukturierten Verfahren benötigen, um es mit Gewinn anwenden zu können.

Sechs von 40 Einparteien-Mediatoren, eines von acht Ausbildungsangeboten[150] und einer von drei publizierten Ansätzen[151] zur Einparteien-Mediation nehmen explizit auf deren intrapersonelle Anwendung Bezug. Insofern kann hier von einer vergleichsweise geringeren Relevanz ausgegangen werden. Auch hier scheint Einparteien-Mediation auf den deutschsprachigen Raum beschränkt, könnte jedoch aufgrund des als Grundlage verwendbaren breiter bekannten Modells vom inneren Team nach Schulz von Thun[152] weiteres **Entwicklungspotential** haben.

---

150 Vgl. Bubert, Anhang 2.
151 Vgl. Hertel 2013, S. 258.
152 Vgl. Schulz von Thun 2017.

G. Zusammenfassendes Fazit

Die Arbeit ging von der begründeten Annahme aus, dass Einparteien-Mediation im **Grenzbereich zwischen Coaching und Mediation** verortet werden kann. Als Basis für die weiteren Überlegungen wurden deshalb in Kapitel B zunächst die charakteristischen Merkmale von Mediation und Coaching und deren themenrelevante Ableitungen Einzelgespräche und Konflikt-Coaching aufbereitet und miteinander verglichen.

In Beantwortung der ersten Forschungsfrage „**Wie wird Einparteien-Mediation von deren Anbietern und in einschlägigen Publikationen dargestellt?**" wurden in Kapitel C und D die Beschreibungen von Einparteien-Mediation auf Webseiten von Praktikern und in Publikationen ausgewertet. Diese wurden jeweils detailliert analysiert und in ihren wesentlichen Merkmalen miteinander verglichen. Dabei stellte sich heraus, dass Praktiker einen Schwerpunkt auf die Ausgangssituation ihrer Klienten, die Ziele und mögliche Ergebnisse legen, während die Darstellung in Publikationen stärker auf den Ablauf des Verfahrens fokussiert.

„**Wie lässt sich Einparteien-Mediation unter Berücksichtigung dieser Erkenntnisse systematisch beschreiben und bezüglich ihrer Eigenständigkeit und Relevanz beurteilen?**" Zur Beantwortung dieser zweiten Forschungsfrage wurde in Kapitel E Einparteien-Mediation für interpersonelle Konflikte als Verfahren in übernehmender und modifizierender Analogie zur Mediation systematisch entwickelt. Unter welchen Voraussetzungen Erweiterungen dieser mediationsanalogen Vorgehensweise sinnvoll sind, wurde diskutiert. Die

Zusammenfassendes Fazit

Ergebnisse wurden in eine konsolidierte **Gesamtdarstellung** übertragen, deren Gestaltungselemente sich an aus dem Dienstleistungsmanagement bekannten Erkenntnissen und Strukturen orientieren. Abschließend konnte gezeigt werden, dass sich Einparteien-Mediation **für interpersonelle Konflikte** als **eigenständiges Verfahren** der Konfliktbearbeitung ansehen lässt. Sie kann auch als relevant bezeichnet werden, ihre Verbreitung ist jedoch auf den deutschsprachigen Raum beschränkt.

Für den Sonderfall der Anwendung von Einparteien-Mediation auf **intrapersonelle Konflikte** wurden in Kapitel F wichtige **Unterschiede** skizziert. Es stellte sich heraus, dass die Verbreitung dieser Anwendung der Einparteien-Mediation vergleichsweise geringer ist und sie nicht als eigenständiges Verfahren der Konfliktbearbeitung, sondern als **Methode des Coachings** angesehen werden kann.

Literaturverzeichnis

Ade, J./Alexander, N., Mediation und Recht – Eine praxisnahe Darstellung der Mediation und ihrer rechtlichen Grundlagen, 3. Aufl., Frankfurt am Main 2017.

Breidenbach, S., Mediation – Struktur, Chancen und Risiken von Vermittlung im Konflikt, Köln 1995.

Bush, R.A.B./Folger, J.P., Konflikt – Mediation und Transformation, Weinheim 2009.

Cleven, E./Bush, B./Saul, E., Living with No: Political Polarization and Transformative Dialogue, in: Journal of Dispute Resolution 1/2018, S. 53–63.

Corsten, H./Gössinger, R., Dienstleistungsmanagement, 5. Aufl., München 2007.

Dendorfer-Ditges, R., Auf Distanz. Online-Mediation in Zeiten von Lock Down und „New Normal", in: Konfliktdynamik 2/2020, S. 139–145.

Diez, H./Krabbe, H./Engler, K., Werkstattbuch Mediation, 2. Aufl., Köln 2019.

Dilts, R./Delozier J./Dilts, D.B., NLP II – die neue Generation, Paderborn 2013.

Duss-von Werdt, J., Der systemisch-konstruktivistische Ansatz, in: Haft/Schlieffen (Hrsg.), Handbuch Mediation, 3. Aufl., München 2016, S. 251–275.

Dyckhoff, H./Clermont, M./Rassenhövel, S., Industrielle Dienstleistungsproduktion, in: Corsten/Missbauer (Hrsg.), Produktions- und Logistikmanagement, München 2007, S. 3–22.

Eidenmüller, H., Caucus-Mediation und Mediationsgesetz, in: ZIP – Zeitschrift für Wirtschaftsrecht, Beilage zu Heft 22/2016, S. 18–20.

Fechler, B./Oschmann, C., MediatorInnen können mehr – Konflikt-Coaching als komplementäres Beratungsinstrument innerhalb und außerhalb der Mediation, in: Spektrum der Mediation 43/2011, S. 25–28.

Geißler, H., Rahmenkonzept für den Überblick über Coaching-Ansätze und Coaching-Ausbildungen, unveröff. Ms., Hamburg 2004, www.coaching-gutachten.de/aufsaetze/Ueberblick_Ansaetze_Ausbildung.pdf (6.6.2020).

Glasl, F., Gegenthesen zur „Einpartei-Mediation", in: perspektive mediation 2/2006, S. 82–86.

Glasl, F., Konfliktmanagement – Ein Handbuch für Führungskräfte, Beraterinnen und Berater, 11. Aufl., Bern, Stuttgart 2013.

Goethe, J.W., Faust. Eine Tragödie, London 1841.

Greger, R., Mediationsgesetz, in: Greger/Unberath/Steffek, Recht der alternativen Konfliktlösung – Kommentar, 2. Aufl., München 2016.

Greif, S./Möller, H./Scholl, W., Coachingdefinitionen und -konzepte, in: dies. (Hrsg.), Handbuch Schlüsselkonzepte im Coaching, Berlin/Heidelberg 2018, S. 1–9.

Haller, S., Dienstleistungsmanagement. Grundlagen – Konzepte – Instrumente, 6. Aufl., Wiesbaden 2015.

Harrison, R., Rollenverhandeln: Ein „harter" Ansatz zur Team-Entwicklung, in: Sievers (Hrsg.), Organisationsentwicklung als Problem, Stuttgart 1977, S. 116–133.

Haynes, J.M./Mecke, A./Bastine, R./Fong, L.S., Mediation – Vom Konflikt zur Lösung, 4. Aufl., Stuttgart 2014.

Hertel, von A., Erkennen Sie den Unterschied ... Mediation Teil 3, in: MultiMind 6/2000, S. 39–43.

Hertel, von A., Das Mikado-Modell, in: Lernende Organisation 1/2001, S. 52–53.

Hertel, von A., Schlafende Riesen wecken – Coaching, One-Party-Mediation und Shuttle-Mediation, in: MultiMind 1/2002, S. 32–36.

Hertel, von A., Professionelle Konfliktlösung – Führen mit Mediationskompetenz, 3. Aufl., Frankfurt am Main 2013.

Hoffman, D.A., Mediation and the Art of Shuttle Diplomacy, in: Negotiation Journal 27/2011, S. 263–309.

Horstmeier, G., Das neue Mediationsgesetz – Einführung in das neue Mediationsgesetz für Mediatoren und Medianden, München 2013.

Hösl, G., Mediation – die erfolgreiche Konfliktlösung. Grundlagen und praktische Anwendung, 10. Aufl., München 2002.

Jones, T.S./Brinkert, R., Conflict Coaching – Conflict Management Strategies and Skills for the Individual, Los Angeles 2008.

Masser, K./Engewald, B./Scharpf, L./Ziekow. J., Evaluierung des Mediationsgesetzes, Deutsches Forschungsinstitut für die öffentliche Verwaltung, Speyer 2017.

Montada, L./Kals, E., Mediation – Psychologische Grundlagen und Perspektiven, 3. Aufl., Weinheim 2013.

Murbach, M., Einpartei-Mediation, in: perspektive mediation 2/2006, S. 78–81.

Noble, C., Conflict Management Coaching – The CINERGY model, Toronto 2012.

Polt, W./Rimser, M., Aufstellungen mit dem Systembrett – Interventionen für Coaching, Beratung und Therapie, 5. Aufl., Münster 2015.

Riskin, L.L., Decisionmaking in Mediation: The New Old Grid and the New New Grid System, in: Notre Dame Law Review 79/2003, S. 1–53.

Literaturverzeichnis

Rosenberg, M.B., Gewaltfreie Kommunikation – Eine Sprache des Lebens, 12. Aufl., Paderborn 2016.

Roth, G./Strüber, N., Wie das Gehirn die Seele macht, 7. Aufl., Stuttgart 2017.

Sander, K./Hatlapa, C., Mediation mit Stellvertretung, in: mediation aktuell 1/2010, S. 20–21.

Sander, R./Waas, L., Aufstellungselemente in der Mediation, in: Ruhnau (Hrsg.), Systemische Aufstellungen in der Mediation, Stuttgart 2012, S. 98–107.

Schreyögg, A., Konfliktcoaching – Anleitung für den Coach, 2. Aufl., Frankfurt am Main 2011.

Schulz von Thun, F., Das „Innere Team" und situationsgerechte Kommunikation, 26. Aufl., Reinbek bei Hamburg 2017.

Schulz von Thun, F., Störungen und Klärungen – Allgemeine Psychologie der Kommunikation, 55. Aufl., Reinbek bei Hamburg 2018.

Schweizer, A., Techniken des Mediators – Übersicht, in: Haft/Schlieffen (Hrsg.), Handbuch Mediation, 2. Aufl., München 2009, S. 321–362.

Schwertfeger, E., Konfliktcoaching und Mediation, Ergänzung oder „Konkurrenz"?, in: Organisationsberatung – Supervision – Coaching 3/2006, S. 229–238.

Seebach, J., Management-Intelligenz – Warum Spezialisten scheitern und wie Generalisten wirken, Wiesbaden 2014.

Seiffert, A., Autonomie und Isonomie fremder und indigener Wortbildung am Beispiel ausgewählter numerativer Wortbildungseinheiten, Berlin 2008.

Sparrer, I., Einführung in Lösungsfokussierung und Systemische Strukturaufstellungen, 4. Aufl., Heidelberg 2017.

Spreckelmeyer, W./Schmidt-Lellek, C./Schreyögg, A., Ethik-Kodex: Anthropologische Prinzipien und professionsethische Standards, in: Deutscher Bundesverband Coaching e. V. (Hrsg.), Leitlinien und Empfehlungen für die Entwicklung von Coaching als Profession, 5. Aufl., Osnabrück 2019, S. 58–66.

Stoldt, M., Mediation mit Stellvertretung, in: perspektive mediation 2/2009, S. 92–97.

Tidwell, A., Problem Solving for One, in: Mediation Quarterly 4/1997, S. 309–317.

Varga von Kibéd, M./Sparrer, I., Ganz im Gegenteil – Tetralemmaarbeit und andere Grundformen systemischer Strukturaufstellungen, 8. Aufl., Heidelberg 2014.

Vollmer, A./Vetter, A., Konfliktbearbeitung im Coaching, in: Greif/Möller/Scholl (Hrsg.), Handbuch Schlüsselkonzepte im Coaching, Berlin/Heidelberg 2018, S. 315–323.

Wüstehube, L., Konflikt-Perspektiv-Analyse (KPA), in: perspektive mediation 1/2004, S. 18–22.

Zukunft, S., Das Vorbefassungsverbot im Mediationsgesetz, in: Spektrum der Mediation 48/2012, S. 55–60.

Anhang 1: Anbieter von Einparteien-Mediation

Anbieter	PLZ Ort	Verwendeter Begriff für Einparteien-Mediation	Weitere angebotene Dienstleistungen	Konfliktgebiet	Grundberuf	Ausgangssituation	URL	Zuletzt abgerufen am
Böttger, Frank	47799 Krefeld	Einzelmediation oder „mediatives Coaching"	Mediation Verhandlungscoaching M-C	Wirtschaft Erbfälle W-E	Rechtsanwalt R	A-INTRA	www.fbmediation.de/	27.06.2020
Braune, Gerfried	66119 Saarbrücken	One-Party-Mediation	Mediation Stellvertreter-Mediation M	Familie Unternehmen F-W	K.A. K	A-A1	https://www.mediation-saar.de/	16.06.2020
Bubert, Christoph	51149 Köln	One-Party-Mediation	Mediation Coaching Supervision Konfliktberatung M-C-S	Wirtschaft Bau Gesundheitswesen Familie Erbangelegenheiten „Cross-Border" W-B-G-F-E	Rechtsanwalt R	A-A1-INTRA	https://www.mediation-bubert.de/konflikt%C3%B6sung/one-party-mediation	16.06.2020
Clemens-Ströwer, Martina	59514 Welver	One-Party-Mediation	Sachverständige Mediation M-SO	Bau(biologie) W-B	Baubiologin T	A-A1	https://www.clemens-stroewer.de/dienstleistungen/mediation	16.06.2020

Anhang 1

Anbieter	PLZ Ort	Verwendeter Begriff für Einparteien-Mediation	Weitere angebotene Dienstleistungen	Konfliktgebiet	Grundberuf	Ausgangssituation	URL	Zuletzt abgerufen am
Dott, Klaus-Jürgen	21391 Reppenstedt	Einzelmediation	Mediation Coaching Wegbegleitung Aufstellung Reiki M-C	K.A. K	Wirtschaftsinformatiker W	A	https://www.kjdott.de/mediation/	17.06.2020
Eggers, Wilfried	21706 Drochtersen	Einzelmediation	Mediation Anwalt Notar M-R	K.A. K	Rechtsanwalt R	A-A1	https://www.vanlessen-eggers.de/mediation.html	17.06.2020
Friepörtner, Eva	50825 Köln	Mediation mit einer Partei, sogenannte One-Party-Mediation	Mediation Paarberatung Einzelcoaching Einzelberatung M-C-MO	Paare Trennung/Scheidung F	Rechtsanwältin R	A-A1-A2	http://www.mediation-paarberatung.de/angebot-einzelgespraeche.html	16.06.2020
Galka, Fred	28857 Syke	1-Personen-Mediation	Mediation Lebensberatung M-C	Familie Wirtschaft F-W	Kaufmännische Ausbildung/Studium W	A-A2-INTRA	http://fgalka.de/Ein-Personen-Mediation.html	18.07.2020

100

Anhang 1

Anbieter	PLZ Ort	Verwendeter Begriff für Einparteien-Mediation	Weitere angebotene Dienstleistungen	Konfliktgebiet	Grundberuf	Ausgangssituation	URL	Zuletzt abgerufen am
Grothe, Friederike	22415 Hamburg	Einzelmediation (One-Party-Mediation)	Mediation Konfliktmanagement M-KM	Arbeit und Wirtschaft W	Kaufmännische Ausbildung, langjährige Leitung in Wirtschaftsunternehmen W	A-A1-A1b	http://www.mediation-konfliktloesung.hamburg/mein-angebot/einzelmediation/	16.06.2020
Haga, Michael	88326 Aulendorf	Einzel-Mediation	Mediation M	Wirtschaft Bau W-B	Diplom-Geologe T	A	http://www.geco-mediation.de/fall2-wirtschafts-mediation.html	17.06.2020
Heines, Sabine	50937 Köln	One-Party-Mediation oder Konflikt-Coaching	Mediation Konfliktanalyse und -beratung Trainings und Workshops zu konstruktiver Kommunikation und Konfliktprävention M-KM-T	Unternehmen W	Journalistin, über 20-jährige Berufserfahrung als Führungskraft S	A	https://tacheles-heines.de/angebot/	16.06.2020

Anhang 1

Anbieter	PLZ Ort	Verwendeter Begriff für Einparteien-Mediation	Weitere angebotene Dienstleistungen	Konfliktgebiet	Grundberuf	Ausgangssituation	URL	Zuletzt abgerufen am
Hofmann, Birgit	14165 Berlin	One-Party-Mediation	Mediation Coaching Prozessbegleitung M-C-SO	Unternehmen W	Dipl. Psych. P	A	https://www.birgit-hofmann.com/ueber-mich/	16.06.2020
Horster, Beate	47443 Moers	One-Party-Mediation (auch Einzelmediation, Coaching)	Mediation M	Soziales Umfeld, berufliches Umfeld F-W	Abgeschlossene Ausbildung im handwerklichen Bereich und später Studium der Sozialpädagogik P	A-A1-C-INTRA	https://www.beatehorster.de/one-party-mediation/	16.06.2020
Ingwersen-Herrmann, Heike	20095 Hamburg	Einzel-Mediation	Mediation Rechtsanwältin M-R	Familie Wirtschaft F-W	Rechtsanwältin R	A	http://sprechen-statt-streiten.de/einzel-mediation.html	17.06.2020

Anhang 1

Anbieter	PLZ Ort	Verwendeter Begriff für Einparteien-Mediation	Weitere angebotene Dienstleistungen	Konfliktgebiet	Grundberuf	Ausgangssituation	URL	Zuletzt abgerufen am
Jennewein, Antonia	65232 Taunusstein	Einzel-Mediation	Mediation Training Coaching M-T-C	Unternehmen W	16 Jahre internationale Berufserfahrung im Personalmanagement mit Schwerpunkt Führung, Change Management, Post-Merger Integration, Kultur und Konfliktmanagements	A-A1-A2	https://www.inmotion-consulting.de/einzel-mediation/	17.06.2020
Jung, Torsten	30952 Ronnenberg	Einzelmediation (Einzel-Mediation)	Familienmediation (Paar-Mediation) Nachbarschafts-Mediation M	Paarbeziehungen Nachbarschaft F-N	K.A. K	A-A2	https://loesungs-orientiert.de/einzelberatung/	17.06.2020

Anhang 1

Anbieter	PLZ Ort	Verwendeter Begriff für Einparteien-Mediation	Weitere angebotene Dienstleistungen	Konfliktgebiet	Grundberuf	Ausgangssituation	URL	Zuletzt abgerufen am
Klehr, Ute	91466 Gerhardshofen	Ein-Parteien-Mediation	Mediation Konfliktmanagement Coaching M-KM-C	Arbeitswelt (Konfliktmanagement und Coaching) Familie und Wirtschaft (Mediation) W-F	Studium Ev. Religionspädagogik und Erwachsenenbildung, beruflich tätig im Bildungswesen P	A	http://dialog-zentrum-franken.de/ansprechpartnerin/	14.07.2020
Kling, Otto	93105 Tegernheim	Einzelmediation	Mediation Konfliktberatung Aufbau KMS M-C-KM	Konflikte im Unternehmen W	Ingenieur Produktionstechnik T	A-A2	https://www.mediation-kling.de/leistungen/einzelmediationen/	17.06.2020

Anhang 1

Anbieter	PLZ Ort	Verwendeter Begriff für Einparteien-Mediation	Weitere angebotene Dienstleistungen	Konfliktgebiet	Grundberuf	Ausgangssituation	URL	Zuletzt abgerufen am
Koch, Jan	90429 Nürnberg	One-Party-Mediation	Mediation Konfliktprävention Konfliktberatung Moderation Konfliktmanagement M-C-KM-MO	Bauherren, Bauträger und Investoren Architekten und Fachplaner Handwerksfirmen Immobilienmakler Eigentümer und Mieter W-B	Architekturstudium, Bauzeichner, Projektleiter T	A	https://www.konflikt-punkt.de/	16.06.2020
Kurbjuhn, Carmen	10439 Berlin	One Party-Mediation (Schreibweise ohne Bindestrich)	Mediation Beratung Coaching M-C	Wirtschaft Wissenschaft Kultur Politik NGO's W-O	Studium der Soziologie, Pädagogik und Sozialwissenschaften P	A	https://kompetenz-kontor.eu/#mediation	16.06.2020
Landgräber, Annika	46539 Dinslaken	Einzel-Mediation	Mediation Training M-T	Beruf Familie / Freunde Nachbarschaft W-F-N	Diplom-Psychologin P	A-A1-A1a-IN-TRA	https://www.annika-landgraeber.de/mediation/	17.06.2020

105

Anhang 1

Anbieter	PLZ Ort	Verwendeter Begriff für Einparteien-Mediation	Weitere angebotene Dienstleistungen	Konfliktgebiet	Grundberuf	Ausgangssituation	URL	Zuletzt abgerufen am
Langner, Florian	35792 Löhnberg	One-Party-Mediation	Mediation Moderation Training Coaching M-MO-T-C	Arbeitsplatz Wirtschaft Teams und Gremien Familie und Ehe Trennung und Scheidung Ehrenamt Bauwesen Verwaltung Schule Dienstleistungen und Verträge W-B-O-F	K.A. K	A	https://www.florian-langner.de/mehr-ueber-mediation.html	16.06.2020
Lietz, Christopher	AT-8045 Graz	One-party-Mediation (Schreibweise mit kleinem p)	Mediation Moderation Konfliktprävention M-MO-KM	Familie Wirtschaft Vereine und Organisationen W-O-F	Verschiedene S	A-A1-A2-L	http://www.graz-mediation.at/grazMediation/?page_id=367	16.06.2020

106

Anhang 1

Anbieter	PLZ Ort	Verwendeter Begriff für Einparteien-Mediation	Weitere angebotene Dienstleistungen	Konfliktgebiet	Grundberuf	Ausgangssituation	URL	Zuletzt abgerufen am
Masur, Olga	22299 Hamburg	Einzelmediation	Mediation Moderation Coaching Persönlichkeitsentwicklung M-MO-C	Politik Nachbarschaft Unternehmensnachfolge Erbschaft Arbeitsplatz Schule Scheidung Familie O-N-E-W-F	Studium der Psychologie und Politikwissenschaft P	A-A2-C	http://www.olga-masur.de/mediation_einzel_one-party_gespraechsvorbereitung	16.06.2020

Anhang 1

Anbieter	PLZ Ort	Verwendeter Begriff für Einparteien-Mediation	Weitere angebotene Dienstleistungen	Konfliktgebiet	Grundberuf	Ausgangssituation	URL	Zuletzt abgerufen am
Murbach, Markus	CH-9000 St. Gallen	Einparteien-Mediation	Mediation Supervison "InnerCoaching" M-S-C	Wirtschaft Verwaltung Nachfolgeregelungen Institutionen NGO's Stiftungen Schule Politik Umwelt Öffentlichkeit Kirche Mehrgenerationen Erbschaft Familie Nachscheidung Partnerschaft Nachbarschaft Vereine W-O-E-F-N	Studium der Berufspädagogik P	A-A1	https://www.informator.ch/mediation/	14.06.2020

Anhang 1

Anbieter	PLZ Ort	Verwendeter Begriff für Einparteien-Mediation	Weitere angebotene Dienstleistungen	Konfliktgebiet	Grundberuf	Ausgangssituation	URL	Zuletzt abgerufen am
Pawig, Ulrich	53881 Euskirchen	One-Party (Einpartei) Mediation	Mediation M	Familie Erbschaft Bau-, Planungsrecht Immobilien Nachbarschaft Landwirtschaft F-E-W-B	Dipl. Ing. T	A-A1-A2	http://www.mediator-pawig.de/oneparty.html	14.06.2020
Schmezer, Ulrich	74376 Gemmrigheim	Einzelmediation, Konflikt-Coaching	Mediation Coaching Training M-C-T	Unternehmensumfeld W	Datenverarbeitungskaufmann umfangreiche qualifizierte Weiterbildungen, langjährige Berufserfahrung mit Führungspositionen W	A	https://www.schmezer-consulting.de/mediation/	17.06.2020
Schurig, Katja	NL-7522 Enschede	one-party-mediation	Mediation Coaching M-C	Beruflich und persönlich W-F	Dipl.-Verwaltungswissenschaftlerin S	A-A2	http://coach-at-work.de/	16.06.2020

Anhang 1

Anbieter	PLZ Ort	Verwendeter Begriff für Einparteien-Mediation	Weitere angebotene Dienstleistungen	Konfliktgebiet	Grundberuf	Ausgangssituation	URL	Zuletzt abgerufen am
Siebenrock, Christoph	12555 Berlin	ein-Personen-Mediation (Schreibweise mit kleinem e)	Mediation Schlichtung Mediative Konfliktberatung M-MO-C	Wirtschaft/ Unternehmen Verbraucher Familie Schule/Ausbildung Privatperson/ Nachbarn Gesundheitswesen Baumediation Non-Profit Organisation W-F-N-B-O	Examinierter Krankenpfleger S	A	https://www.schlichten-in-berlin.de/anbieter/fallback143102518 7984/siebenrock-christoph-2273 226?index=11 https://de.linkedin.com/in/christoph-siebenrock-524b0b122	18.07.2020
Stoldt, Martina	22359 Hamburg	Ein-Personen-Mediation und Konfliktklärung	Mediation Konfliktberatung Rechtsanwältin M-C-R	Familie Wirtschaft F-W	Rechtsanwältin R	A	https://himev.de/portfolio-items/stoldt-martina/	18.07.2020

Anhang 1

Anbieter	PLZ Ort	Verwendeter Begriff für Einparteien-Mediation	Weitere angebotene Dienstleistungen	Konfliktgebiet	Grundberuf	Ausgangssituation	URL	Zuletzt abgerufen am
Temp, Ina	28211 Bremen	Mediation/Konfliktlösung ohne die zweite Partei (One-Party-Mediation)	Mediation Training Coaching M-C-T	Beruflich u.a. W	Betriebswirtin IHK Fachkauffrau Außenwirtschaft IHK Diverse Zertifizierungen W	A-A1-A2	https://www.inatemp.de/mediation/	16.06.2020
Thiede, Kristina	24113 Kiel	One-Party-Mediation	Mediation Beratung Supervision M-C-S	Beruflich W	Diplomkauffrau Bankkauffrau W	A	https://mediation-thiede.de/index.php/ihre-auswahl/mediation/einzelberatung-bei-konflikten	16.06.2020
Ulrich, Karin	69469 Weinheim	Einzelmediation	Mediation M	Organisationen Familie Nachbarschaft O-F-N	Dipl. Ing. (FH) Chemische Technologie Dipl. Wirtschaftsing. (FH) M.A. Technik und Philosophie T	A	https://www.perspektive-mediation.net/zum-einsatz/kurz-und-einzelmediation/	17.06.2020

111

Anhang 1

Anbieter	PLZ Ort	Verwendeter Begriff für Einparteien-Mediation	Weitere angebotene Dienstleistungen	Konfliktgebiet	Grundberuf	Ausgangssituation	URL	Zuletzt abgerufen am
Unglaub, Bernd	65197 Wiesbaden	Ein-Parteien-Mediation	Mediation Coaching Soziales Kompetenztraining M-C-T	Vereine Schulen Einzelpersonen Teams O	Berufsoffizier Unternehmensberater S	A	https://www.mc7.eu/mediation.html https://unglaubliches-coaching.de/ueber-mich	14.07.2020
Urban, Andrea	40477 Düsseldorf	One-Party-Mediation	Mediation Systemische Beratung Seminare für Konfliktmanagement M-C-T	Fach- und Führungskräfte Geschäftlich Privat W-F	Dipl.-Betriebswirtin W	A-A2	https://andreaurban.de/mediation/one-party-mediation/	16.06.2020
Vetter, Vanessa	60487 Frankfurt	One-Party-Mediation	Mediation Training Coaching M-T-C	K.A. K	Assessor iuris (Volljuristin) R	A	https://www.inmetra.de/angebot/mediation02/	16.06.2020

112

Anhang 1

Anbieter	PLZ Ort	Verwendeter Begriff für Einparteien-Mediation	Weitere angebotene Dienstleistungen	Konfliktgebiet	Grundberuf	Ausgangssituation	URL	Zuletzt abgerufen am
Viebrok, Harry	27572 Bremerhaven	Einzelmediation	Mediation M	Veränderungsprozesse Teamkonflikte Nachbarschaft Büger und Kommune Politik und Verwaltung Parteien und Fraktionen Erbengemeinschaft Ehrenamt W-N-E	K.A. K	INTRA	https://www.mediationen-viebrok.de/konflikte/einzelmediation/	17.06.2020
Winges, Birgit	99610 Sömmerda	Einzel-Mediation	Mediation Lebens- und Konfliktberatung M-C	Paare Familie Organisationen F-O	Hochschulstudium für Musik und Pädagogik P	A	http://www.beratung-winges.de/ueber-mich/methoden/	17.06.2020

113

Anhang 1

Anbieter	PLZ Ort	Verwendeter Begriff für Einparteien-Mediation	Weitere angebotene Dienstleistungen	Konfliktgebiet	Grundberuf	Ausgangssituation	URL	Zuletzt abgerufen am
Wollersen, Antke	76131 Karlsruhe	One-Party-Mediation	Mediation Konfliktbearbeitung Supervision Teamentwicklung Coaching Beratung M-C-S-MO	Organisationen Gemeinden O	Studium der Theologie (Dipl.-Theol.) S	B	https://www.einigungshilfe.de/mediation/wissenswertes/konflikte-in-teams/	16.06.2020
Wurr, Christian	80639 München	One-Party Mediation (Schreibweise ohne zweiten Bindestrich)	Mediation Coaching Training M-C-T	Unternehmen Erbschaft Unternehmensnachfolge W-E	Magister Artium (M.A.), Germanistik, Psychologie, Islamwissenschaften Master of Business Administration P	A	http://www.christianwurr.de/mediation/	16.06.2020

Die Abkürzungen in den Spalten „Weitere angebotene Dienstleistungen", „Konfliktgebiet", „Grundberuf" und „Ausgangssituation" dienen der Kategorisierung für die Auswertung im Kapitel C und werden dort erläutert. Quelle: Eigene Darstellung auf Basis der untersuchten Webseiten.

Anhang 2: Anbieter von Aus-/Fortbildung in Einparteien-Mediation

Anbieter	PLZ Ort	Verwendeter Begriff für Einparteien-Mediation	Art des Aus-/Fortbildungsangebots	Interpersoneller / intrapersoneller Konflikt Aus-/Fortbildung	Auch Dienstleistung?	URL	Zuletzt abgerufen am
Ausbildungsinstitut perspectiva	CH-4051 Basel	Einparteienmediation	Einparteienmediation als eines von 10 Themen in einem von 6 Modulen einer 120-stündigen Mediationsausbildung	Interpersonell Ausbildung	Nein	https://www.perspectiva.ch/ausbildung-mediation/basis-ausbildung/ausbildungsinhalte.html	14.07.2020
BIF Berliner Institut für Familientherapie	10965 Berlin	One-Party-Mediation	One-Party-Mediation als Teil der 2-tägigen Fortbildung Systemisches Coaching und Wirtschaftsmediation	Interpersonell Fortbildung	Nein	https://bif-systemisch.de/event/systemisches-coaching-und-wirtschafts-mediation-sg/	16.06.2020

Anhang 2

Anbieter	PLZ Ort	Verwendeter Begriff für Einparteien-Mediation	Art des Aus-/Fortbildungsangebots	Interpersoneller / intrapersoneller Konflikt Aus-/Fortbildung	Auch Dienstleistung?	URL	Zuletzt abgerufen am
Braune, Gerfried	66119 Saarbrücken	One-Party-Mediation	One-Party-Mediation als Oberbegriff von Stellvertretermediation und Konfliktcoaching. Eintägiges Seminar „Stellvertretermediation und Konfliktcoaching"	Interpersonell Fortbildung	Ja	https://www.mediation-saar.de/index.php/component/seminarman/plan/6-fortbildung-fuer-mediatorinnen-und-mediatoren/33?Itemid=160	16.06.2020
Bubert, Christoph	51149 Köln	One-Party-Mediation	Eintägiges Fortbildungsseminar als Einzelseminar oder als Bestandteil einer insgesamt 8-tägigen Spezialisierung zum Thema Baumediation	Interpersonell / intrapersonell Fortbildung	Ja	https://www.mediation-bubert.de/sites/default/files/one-party-mediation_2020-2.pdf	16.06.2020

Anhang 2

Anbieter	PLZ Ort	Verwendeter Begriff für Einparteien-Mediation	Art des Aus-/Fortbildungsangebots	Interpersoneller / intrapersoneller Konflikt Aus-/Fortbildung	Auch Dienstleistung?	URL	Zuletzt abgerufen am
Hertel, Anita von	K. A.	One-Party-Mediation	Eines von mehreren Themen der zweitägigen Ausbildung zum „Mediationsführerschein A" bei „Das Diakonische Werk der Evangelischen Landeskirche in Baden e.V."	Interpersonell Ausbildung	Nein	https://www.gesund-aber-sicher.de/kompakt-seminar-konfliktloesung/	16.06.2020
Rojahn, Hans-Jürgen	65795 Hattersheim	Einpartei-Mediation (Konfliktcoaching)	Einpartei-Mediation als eines von 8 Themen in 15-stündigem Fortbildungsseminar	Interpersonell Fortbildung	Nein	http://www.inbalance-mediation.com/Aus--Fortbildung/Bewahrte-Methoden/bewahrte-methoden.html	14.06.2020
Stöhr, Alexandra	66954 Pirmasens	Einparteien-Mediation	Stellvertreter- und Einparteienmediation – Weiterbildung für Mediatoren und Konflikttrainer – insgesamt 3 Tage	Interpersonell Fortbildung	Nein	http://stoehr-hr.de/stellvertreter-einparteien-mediation-auch-schwierige-faelle-koennen-geloest-werden/	14.06.2020

Anhang 2

Anbieter	PLZ Ort	Verwendeter Begriff für Einparteien-Mediation	Art des Aus-/Fortbildungsangebots	Interpersoneller / intrapersoneller Konflikt Aus-/Fortbildung	Auch Dienstleistung?	URL	Zuletzt abgerufen am
Urban, Andrea	40477 Düsseldorf	One-Party-Mediation	Eintägiges Seminar zu One-Party-Mediation analog zur Beschreibung des eigenen Dienstleistungsangebots	Interpersonell ---------- Fortbildung	Ja	https://forum-demokratie-duesseldorf.de/mediation-alle/fortbildungen	16.06.2020

Die Spalte „Auch Dienstleistung?" wird mit „Ja" beantwortet, wenn neben des Aus-/Fortbildungsangebots Einparteien-Mediation auch als Dienstleistung angeboten wird. In der Spalte „Interpersoneller / intrapersoneller Konflikt" wird „intrapersonell" nur eingetragen, wenn dies explizit angegeben wird. Quelle: Eigene Darstellung auf Basis der untersuchten Webseiten.

Anhang 3: Anbieter von Einzel-Mediation mit anderer Begriffsbedeutung

Anbieter	PLZ Ort	Begriffsverwendung	URL	Zuletzt abgerufen am
Klama, Renatus	01279 Dresden	Einzel-Mediation bei Konflikt mit einer Person	https://www.mediation-klama.de/leistungen/	17.06.2020
Krause, Sabine	50933 Köln	Einzel-Mediation mit 2 Personen	https://www.krausemediation.de/mediation-sabine-krause.html	17.06.2020
Schorn, Peter	66123 Saarbrücken	Einzel-Mediation mit 1 Mediator	https://www.mediation-schorn.de/kosten/	17.06.2020
Steltzer, Daniel	10719 Berlin	Einzel-Mediation in Abgrenzung zur Co-Mediation	https://einvernehmliche-scheidung-anwalt.de/ablauf-der-mediation/	17.06.2020

Quelle: Eigene Darstellung auf Basis der untersuchten Webseiten.